AI와 디자인 교육

AI문고

인공지능 시대입니다. 기계가 인간의 인지를 대신하고, 사물이 인간을 통하지 않고 다른 사물과 직접 커뮤니케이션합니다. 이에 따른 인간 삶과 문명 변화를 정확히 이해·예측·대응하는 것은 이 시대 우리 모두의 과제입니다. AI문고는 인공지능 기술과 환경의 여러 주제를 10가지 키워드로 정리합니다. 관련 개념과 이론, 학계와 산업계의 쟁점, 우리 일상의 변화를 다룹니다. 인간과 기술의 현재, 미래를 세심히 분석합니다.

일러두기

- 인명, 작품명, 저서명, 개념어 등은 한글과 함께 괄호 안에 해당 국가의 원어를 병기했습니다.
- 외래어 표기는 현행 어문규정의 외래어표기법을 따랐습니다.
- 이 책의 일부 내용은 챗GPT, 퍼플렉시티, 젠스파크의 도움을 받았습니다.

처음이세요?

전문가세요?

AI와 디자인 교육

정다운

대한민국, 서울, 커뮤니케이션북스, 2025

AI와 디자인 교육

지은이 정다운
펴낸이 박영률

초판 1쇄 펴낸날 2025년 3월 31일

커뮤니케이션북스(주)
출판 등록 2007년 8월 17일 제313-2007-000166호
02880 서울시 성북구 성북로 5-11
전화(02) 7474 001, 팩스(02) 736 5047
commbooks@commbooks.com
www.commbooks.com

ISBN 979-11-7307-858-3 03500

책값은 뒤표지에 표시되어 있습니다.

차례

디자인은 애초부터 기술을 활용했다

디자인과 과학은 매우 거리가 멀게 느껴지지만 사실은 발전의 궤를 함께해 왔다. 'Design'이라는 용어가 처음 등장한 것은 1548년 옥스퍼드 영어 사전이다. 당시에는 '표시' 또는 '지정'이라는 의미로 사용되다가 점차 '목적', '목표', '계획'의 의미로 확장되었다(김효진 · 나건, 2018). 이렇듯 'Design'은 단순히 조형적인 아름다움의 의미보다 '계획하고 실행하여 효과를 만드는 전체적인 제조 과정 또는 결과물'을 지칭하는 단어로 시작되었다.

이후 르네상스 시대에 예술과 과학의 발전으로 디자인이라는 개념이 역사 속에서 최초로 가시화되었고, 산업 혁명 이후 디자이너들은 새로운 제조 기술을 적극 활용해 혁신적인 제품을 빠른 속도로 만들어 냈다.

따라서 디자인의 본질은 문제 해결이다. 효과적이고 효율적인 문제 해결을 위해 항상 최신 기술을 익히고 창의적으로 활용해 왔다. 최신 기술은 디자이너들에게 무한한 가능성을 제공했다. 같은 맥락으로 AI 기술 역시 디자이너를 대체하기보다 단순 작업에서 벗어나 디자이너가 더 창의적인 작업에 집중할 수 있게 도와주는 도구가 될 것이다.

새로운 시대에 대한 막연한 불안감보다는 누구나 마음껏 디자인할 수 있다는 디자인 대중화 시대를 준비하는 디자인 교육을 이야기해 보려고 한다.

혁신의 최전선, 디자인과 기술

디자인과 기술은 혁신의 최전선에 위치하여 서로 긴밀하게 연결되어 있으며, 이 둘의 시너지는 우리 사회의 혁신을 이끄는 핵심 동력이 되어 왔다. 기술이 새로운 가능성을 열면 디자인은 그것을 인간에게 의미 있는 형태로 구현했고, 디자인이 새로운 니즈를 발견하면 기술은 그것을 실현 가능하도록 발전해 왔다. 이제 다시 AI와 같은 혁신적 기술이 새로운 가능성을 열었으니 디자이너는 그 기술을 보다 인간적이고 의미 있게 구현해야 한다.

다시 말해 시장에서의 성공적인 제품 개발을 위해서는 기술과 디자인의 통합적 접근이 필수적이다. 제품 기획 단계에서부터 출시까지 전 과정에 걸쳐 기술적 혁신성과 디자인적 완성도가 균형 있게 고려되어야 하며, 이는 단순한 병렬적 개발이 아닌 상호 보완적이고 유기적인 협업을 통해 이루어져야 한다(허지수, 2024). 특히 현대의 복잡한 시장 환경에서는 기술과 디자인의 개별적 우수성보다는 이 둘이 얼마나 효과적으로 통합되어 소비자에게 가치를 전달할 수 있는지가 제품의 성패를 좌우하는 핵심 요소가 되고 있다.

이러한 디자인과 기술의 공생 관계는 산업 혁명 이후 더욱 뚜렷해졌으며, 디지털 시대를 거치며 그 중요성이 한층 더 부각되었다. 스마트폰의 등장은 이러한 관계를 잘 보여 주는 대표적인 사례다. 첨단 터치스크린 기술이 개발되었을 때, 디자이너들은 이를 인간의 직관적인 제스처와 결합시켜 과거에는 없던 새로운 사용자 경험을 창조해 냈다.

이제 우리는 AI라는 새로운 기술적 혁명의 문턱에 서 있다. 이 시점에서 디자이너의 역할은 더욱 중요해졌다. AI가 제공하는 강력한 기능들을 단순히 기술적 도구로 남겨 두는 것이 아니라 인간의 삶을 진정으로 풍요롭게 만드는 의미 있는 경험으로 승화시켜야 하기 때문이다. 디자이너들은 AI 기술을 활용하여 개인화된 서비스를 제공하면서도 프라이버시를 보호하고, 효율성을 높이면서도 인간적 가치를 잃지 않는 균형 잡힌 솔루션을 개발해야 하는 새로운 과제를 안게 되었다.

이러한 도전은 분명 쉽지 않은 과제지만 동시에 디자

인의 가치와 영향력을 한층 더 높일 수 있는 특별한 기회기도 하다. 이러한 맥락에서 AI 시대의 도래는 디자인 분야에 새로운 도전과 기회를 동시에 제공한다.

AI를 활용하는 교육과 AI를 앞서는 교육

그렇다면 디자인 교육은 어떠한가? AI 시대의 디자인 교육은 두 가지 관점으로 변화할 수 있다. 하나는 기존 교육 체계 내에서 "AI를 도구로 활용"하는 방향이며, 다른 하나는 AI 시대에 걸맞은 "새로운 디자이너상을 정립"하고 이에 맞춘 교육 체계를 재구축하는 것이다.

전자의 경우는 후자보다 간단한 편이다. 디자이너는 스케치부터 작품 제작까지 전 과정에서 AI 툴의 도움을 받을 수 있다. 또한 교육 운영 방식에서도 AI를 활용하여 보다 개인화된 학습자 경험을 제공할 수 있다. 학습자별 습득 속도와 스타일을 고려한 맞춤형 커리큘럼을 제공하고, 실시간으로 피드백을 제공함으로써 학습 효과를 극대화할 수 있다. 이는 대학의 정규 교육 과정뿐만 아니라 평생 학습 관점에서도 매우 중요한 변화가 될 것이다. 특히 AI 기술은 창의적 발상 과정에서 새로운 가능성을 제시하고, 반복적인 작업을 효율화하여 디자이너가 더 본질적인 문제 해결에 집중할 수 있도록 도울 수 있다.

또한 AI를 통한 즉각적인 시각화와 프로토타이핑은 디자인 과정을 더욱 민첩하고 실험적으로 만들어 학습자들이 다양한 시도를 통해 더 깊이 있는 학습을 할 수 있게 한다.

한편, 후자의 관점으로 AI 시대에 필요한 새로운 디자이너상을 구축하는 것은 더욱 근본적인 변화를 요구한다. 미래의 디자이너는 단순한 시각적 문제 해결자가 아닌 복잡한 사회 문제를 해결하는 통합적 사고자가 되어야 한다. 이를 위해서는 기존의 조형 중심 교육에서 벗어나 데이터 분석, 프로그래밍, 인문학, 심리학 등 다학제적 교육이 필요하다. AI가 할 수 없는 공감 능력, 맥락 이해, 윤리적 판단력이 더 중요하기 때문에 프로젝트 기반의 실제 학습으로 다양한 이해관계자와 협업하고 공감할 수 있는 훈련이 필요하다. 이러한 새로운 교육 패러다임에서는 문제를 정의하고 해결 방향을 설정하는 능력, 다양한 분야의 전문가들과 협업하는 능력, 그리고 기술의 사회적 영향을 고려한 윤리적 디자인 능력이 핵심 역량으로 부각된다. 또한 디자인 교육은 지속 가능성, 사회적 책임, 문화적 다양성 등 현대 사회의 중요한 가치들을 적극적으로 반영해야 한다.

결론적으로 AI 시대의 디자인 교육은 기술을 활용하

는 "방법"의 혁신과 함께 디자이너의 "정체성"에 대한 근본적인 재정의가 필요하다. 이는 단순한 커리큘럼의 변화가 아닌 디자인 교육의 패러다임 전환을 의미한다. 이러한 변화는 도전적이지만, 동시에 디자인 교육이 더욱 풍부하고 의미 있는 방향으로 발전할 기회이기도 하다. 더불어 이러한 교육적 혁신은 디자인 분야가 AI 시대에서도 여전히 중요한 가치를 창출할 수 있는 분야로 발전하는 데 핵심적인 역할을 할 것이다. 이를 위해서는 교육기관, 산업계, 그리고 디자인 커뮤니티가 함께 협력하여 미래 디자인 교육의 방향을 모색하고 실천해 나가야 할 것이다.

이 책의 구성

이 책은 디자인을 가르치는 교육자를 위한 책이다. AI 시대를 맞이하여 디자인 교육의 패러다임이 급격히 변화하는 상황에서 교육자들이 이러한 변화에 효과적으로 대응하고 더 나은 교육을 제공할 수 있도록 돕는 실용적인 지침서가 될 것이다. 디자인 교육에 AI를 활용한 사례를 구체적으로 설명하여 교수법 적용에 실질적인 도움이 되고자 한다. 또한 사례에 없더라도 활용 가능한 AI 툴을 추가적으로 제안하여 새로운 교수법 연구에도 기여하고자 한다. 단순히 AI에 의존하는 교육이 아닌 한계를 극복하는 디자인 교육이 될 수 있도록 다양한 논의를 담고 있다.

이 책이 다루는 주제는 현재 디자인 교육계가 직면한 세 가지 도전의 측면에서 중요하다. 첫째, AI 기술의 급속한 발전으로 인해 전통적인 디자인 교육 방식의 효용성이 도전받고 있다. 둘째, 디자인 산업의 요구 사항이 빠르게 변화하면서 교육 내용의 시의성 있는 업데이트가 필요하다. 셋째, Z세대와 알파세대로 대표되는 새로운 학습자들의 특성에 맞는 교육 방식의 혁신이 요구된다. 이러한 맥락에서 본 책은 AI를 활용한 새로운 교육 방법론을 제시함으로써 현대 디자인 교육의 도전 과제들을 해결하는 데 기여하고자 한다. 이 책을 통해 다음과 같은 실질적인 도움을 얻을 수 있다.

1. AI 기술을 교육에 통합하는 구체적인 방법론 습득
2. 다양한 교육 상황에 적용 가능한 실제 사례와 노하우
3. AI 활용의 장단점을 파악하여 균형 잡힌 교육 설계 가능
4. 미래 디자인 교육의 방향성에 대한 통찰
5. 교육자의 업무 효율성 향상을 위한 실용적인 AI 활용법

AI 시대의 디자인 교육에 대한 포괄적인 이해와 실질적인 적용 방안을 제시하기 위해 총 10개의 장으로 구성되어 있다. 각 장의 구성은 거시적 관점에서 미시적 관점으로, 사례에서 활용으로 단계적 접근을 고려하여 체계적으로 설계되었다.

제1장에서는 디자인 교육의 역사적 맥락과 발전 과정을 살펴보고, 교육 형태에 따른 세 가지 유형을 체계적으로 분석한다. 이는 현대 디자인 교육을 이해하는 기반이 되며, AI 시대의 변화를 조망하는 이론적 틀을 제공한다. 제2장에서는 AI 기술 발전이 디자인 교육 현장에 미친 영향을 심도 있게 고찰하고, 이로 인한 패러다임 변화를 분석한다. 제3장부터 제5장까지는 실제 교육 현장에서의 AI 활용 방안을 다룬다. 강의형, 실습형, 프로젝트형이라는 세 가지 교육 유형별로 구체적인 AI 툴 활용 사례를 제시하고, 실질적 도움이 되기 위해 활용 후 장단점을 함께 설명한다. 제6장부터 제9장까지는 교육자의 업무 흐름에 따른 AI 활용 방안을 다룬다. 수업 준비부터 진행, 기록, 학생 관리에 이르는 전반적인 교육 업무에서 AI 툴을 효과적으로 활용하는 방법과 AI 관련 필요한 지식을 체계적으로 정리한다. 마지막으로 제10장에서는 AI가 가져올 디자인 산업의 미래를 전망하고 이에 대응

하는 디자인 교육의 방향성을 모색한다.

이러한 구성은 독자들이 이론적 기반을 탄탄히 다진 후, 실제 교육 현장에서 바로 적용할 수 있는 실용적 지식을 습득하고, 더 나아가 미래를 준비할 수 있도록 장기적 안목을 확장하는 데 유용하다. 각 장은 독립적으로도 참고할 수 있도록 구성되어 있으며, 풍부한 사례와 예시문을 포함하여 독자들의 실질적인 이해를 돕는다. 각 장의 구체적인 내용은 다음과 같다.

제1장 디자인 교육의 이해: 디자인 교육의 큰 그림을 이해한다. 디자인 교육의 역사적 변천사, 현대 디자인 교육의 특징, 그리고 AI로 인해 달라질 미래의 디자인 교육에 대해 설명한다.

제2장 교육자를 위한 AI 현주소: AI와 관련해서 교육자가 꼭 알아야 할 내용을 담았다. AI의 등장이 교육자의 역할에 어떤 영향을 주었고, 지금 어느 정도 발전했는지, 그래서 교육자들이 어떤 준비와 태도를 갖추어야 하는지에 대해 종합적으로 논하고자 한다.

제3장 AI와 강의형 교육 사례: 지루할 수 있는 이론 위주의 강의형 교육에서 집중도를 높이고, 효과적인 학습을 위해 AI 툴을 활용한 사례를 설명한다.

제4장 AI와 실습형 교육 사례: 대부분의 생성형 AI 툴

은 프롬프트를 작성해 콘텐츠를 생산한다. 드로잉이 아닌 텍스트로 그림을 그리는 훈련은 이제 디자이너에게 필수이며 중요한 실습 과제다. 프롬프트를 활용한 디자인 실습 사례 2건을 설명하고 이 두 가지 사례의 차이도 함께 논한다.

제5장 AI와 프로젝트형 교육 사례: 가상의 주제에 대해 자료를 분석하고, 문제를 정의하고, 솔루션을 만들어 테스트해 보는 전 과정을 AI 툴을 활용하면 효율적으로 진행할 수 있다. 이 과정에서 활용했던 사례를 설명한다.

제6장 AI를 활용한 수업 준비: 자료 조사, 분석, 정리, 요약, 수업 자료 제작, 퀴즈 제작 등 수업 준비하는 데 필요한 다양한 업무를 AI 툴로 경감시킬 수 있다. 효과적인 AI 툴과 프롬프트 기법에 대해 설명한다.

제7장 AI를 활용한 수업 진행: 디자인은 정답이 없지만 학습자는 정답을 확인하고 싶어 한다. 질문이 생겼을 때, 생각이 막혔을 때, 디자인 작업이 어려울 때 활용할 수 있는 AI 툴을 소개한다.

제8장 AI를 활용한 수업 기록: 수업 과정을 체계적으로 기록하고 공유하는 것은 현대 교육 현장의 필수적인 업무 프로세스가 되었다. AI를 활용한 영상 편집, 자막 생성, 내용 요약, 학습자 패턴 분석 등으로 변화하는 교

육 패러다임에 대응하는 실질적인 방안을 모색한다.

제9장 AI를 활용한 학생 관리: 교육은 '가르칠 교(教)'와 '육성할 육(育)'으로 단순히 지식을 전달하는 것을 넘어 한 사람을 온전히 키워내는 깊은 의미를 담고 있다. 수업이 아닌 학생 관리를 위한 AI 활용법도 교육자의 필수 역량으로 개발되어야 한다.

제10장 미래의 디자이너를 양성하는 교육: AI 시대에 디자이너가 단순히 AI 기술을 활용하는 사용자가 아닌 주도적인 창작자로 성장할 수 있도록 교육자는 도전 의식과 책임감을 가지고 이끌어야 한다. 미래의 디자이너를 양성하는 교육자로서의 고찰과 통찰을 나눌 예정이다.

AI로 인한 시대의 큰 변화는 피할 수 없는 현실이 되었다. 따라서 AI의 등장이 두려움의 대상이 되어서는 안 된다. 이 책은 AI를 활용한 디자인 교육의 실제 사례와 방법론을 공유함으로써 교육자들이 AI 시대의 새로운 교육 패러다임에 자신감을 가지고 도전할 수 있도록 돕고자 한다. 더불어 우리가 잊지 말아야 할 것은 교육의 본질은 결국 디자이너인 사람을 키우는 일이라는 점이다. AI라는 도구를 통해 디자인 작업과 교육의 효율성을 높이되, 학습자의 창의성과 비판적 사고력을 길러 주는 본질적 가치는 더욱 강조되어야 할 것이다. 물론 이 한 권의 책이 AI 시대의 디자인 교육이 마주한 모든 도전 과제를 해결하기에는 부족할 것이다. 하지만 이 책에 담긴 실제 사례와 노하우가 AI 시대를 맞아 고민이 많은 디자인 교육자분들께 작게나마 도움이 되기를 희망한다.

참고문헌

김효진·나건(2018). 다 매체 시대에 있어서 디자인 용어 변천에 관한 연구. ≪디지털융복합연구≫, 361~366쪽.

허지수(2024). 『디자인혁신과 기술혁신 간의 관계에 관한 연구: 디자인과 기술의 통합이 기업성과에 미치는 효과』. 서울대학교 박사학위논문.

홍은정(2014). IT 환경 변화에 따른 인터랙티브 디자인 교육의 방향성. ≪디지털융복합연구≫, 265~276쪽.

01
디자인 교육의 이해

디자인 교육은 중세 시대 장인의 개인 작업실에서 예술적 창의성을 배우는 것으로 시작됐다. 기계화 시대가 도래하면서 학교 제도가 도입되어 예술과 산업의 조화를 추구하는 방향으로 발전했다. 오늘날에는 효율성과 창의성 중심으로 이론, 실습, 프로젝트가 긴밀하게 연결된 종합 교육 형태로 체계화되었다. 인공지능의 등장은 디자인 교육 방식과 교육자의 정체성에 어떠한 변화를 이끌어내고 있는가.

AI와 1인 창업?

디자인 교육 변천사

르네상스 시대의 디자인 교육은 보티첼리나 베로키오와 같은 거장의 공방에서 이루어졌다. 견습생들은 데생(dessin)과 원근법을 기초로 하여 인체의 비례, 자연물의 세밀한 관찰, 색채의 조화 등을 배웠다. 특히 '디세뇨(disegno)'라는 개념이 중요했다. 이는 단순한 스케치를 넘어 창의적 구상과 설계를 포함하는 포괄적인 의미를 가졌다. 이 시기에는 예술가의 개성과 창의성이 매우 중요하였는데, 이는 중세 시대의 익명성과 집단성에서 벗어나 개인의 독창적 표현을 중시하는 시대의 요구를 반영한 것을 의미한다.

산업 혁명은 디자인 교육의 새로운 장을 열었다. 18세기 후반부터 19세기에 걸쳐 영국을 중심으로 시작된 산업 혁명은 수공예 중심의 생산 방식에서 기계를 통한 대량 생산 체제로의 전환을 가져왔다. 이러한 변화는 필연적으로 새로운 형태의 디자인 교육을 요구했다. 영국 정부는 1837년 '사우스켄싱턴 디자인학교'를 설립하며 본격적인 디자인 교육을 시작했다(Woodham, 2001). 학교는 제도(製圖)와 장식 디자인을 중심으로 한 실용적인 교육 과정을 제공했으며, 특히 섬유 산업과 도자기 산업에 필요한 패턴 디자인에 중점을 두었다. 산업 혁명 시대의 디자인 교육은 예술성과 실용성의 균형을 추구했다. 학생들은 기초 드로잉부터 시작하여 기하학적 패턴 설계, 장식 문양 제작, 색채 이론 등을 배웠다. 특히 주목할 만한 점은 재료학과 기계 설비 운용법이 정규 교육 과정에 포함되었다는 것이다. 이는 대량 생산 시스템에 적합한 디자인을 개발할 수 있는 실무형 디자이너를 양성하기 위한 것으로 볼 수 있다.

한편 이 시기에는 '아트 앤드 크래프트 운동(Art and Crafts Movement)'의 영향으로 개인의 독창성을 간직한 수공예적 가치도 함께 강조되었다. 윌리엄 모리스(William Morris)를 중심으로 한 이 운동은 기계화된 대량 생산의 획일성에 대한 반성으로 장인 정신과 예술성을 되살리고자 했다. 이러한 영향으로 디자인 교육에서도 과거의 수공예 기술과 산업 생산 방식의 조화로운 결합이 중요하게 다루어졌다. 이렇게 산업 혁명 시대의 디자인 교육은 현대 디자인 교육의 토대를 마련했다. 체계적인 커리큘럼, 이론과 실습의 균형, 개성의 중요성, 비즈니스와의 연계 등은 오늘날 디자인 교육의 핵심 요소로 자리 잡았다. 이는 시대적 요구에 부응하면서도 디자인의 본질적 가치를 잃지 않으려 했던 당시 교육자들의 노력을 보여 준다.

1990년대 이후 디지털 기술 발전으로 디자인 교육은 또 다시 크게 변화하였다. 개인용 컴퓨터(PC) 보급과 그래픽 소프트웨어 발전은 디자인 작업 방식과 교육 내용에 혁신적인 변화를 가져왔다. 전통적인 수작업 도구에서 디지털 도구로의 전환은 단순한 도구 변화를 넘어 디자인 사고방식과 프로세스 전반에 영향을 미쳤다. 그 후, 2000년대에 들어서면서 웹디자인, 인터랙션 디자인, 사용자 경험(User Experience, UX) 디자인 등 새로운 분야가 등장했고, 이에 따라 제조를 넘어 기획 영역까지 교육 과정도 더욱 통합적인 형태로 발전하였다. 사용자 중심 디자인(User-Centered Design) 개념이 강조되면서 디자인 프로세스에서 사용자 조사와 데이터 분석의 중요성이 커졌다. 동시에 윤리적 판단력, 비판적 사고력, 협업 및 소통 능력 등을 균형 있게 발전시키는 방향으로 나아가고 있다.

현대 디자인 교육의 형태와 특징

현대 디자인 교육은 강의형, 실습형, 프로젝트형 등 다양한 형태로 이루어지고 있다.

'강의형 교육'은 주로 디자인 이론, 역사, 방법론 등의 기초 지식을 전달한다. 체계적인 지식 전달과 많은 학생들에게 동시에 교육이 가능하다는 장점이 있다. 반면 학생들의 능동적 참여가 제한적이고 실무 적용력을 키우기 어렵다는 단점이 있다. 주요 도구로는 디지털 프레젠테이션, 화상 회의 플랫폼, 온라인 학습관리시스템(Learning Management System, LMS) 등이 활용된다.

'실습형 교육'은 디지털 도구 활용법부터 프로토타입(Prototype, 테스트 모델) 제작까지 실제 디자인 구현 능력을 키우는 데 초점을 맞춘다. 특히 최근에는 가상 현실(Virtual reality, VR)과 증강 현실(Augmented reality, AR) 기술을 활용한 실습, 3D 프린팅 워크숍 등 첨단 기술을 접목한 실습 교육이 증가하고 있다. 이러한 실습 과정은 학생들이 이론적 지식을 실제로 적용하고 경험할 수 있는 기회를 제공한다. 주요 도구로는 어도비(Adobe) 그래픽 툴, 피그마(Figma), 3D 모델링 소프트웨어, 디지털 펜, 태블릿, 3D 프린터 등이 사용된다.

'프로젝트형 교육'은 실제 산업 현장의 문제를 다루거나 사회 문제 해결을 위한 디자인 솔루션을 개발하는 방식으로 진행된다. 기업과 산학 협력 프로젝트, 지역 사회 문제 해결 프로젝트 등을 통해 학생들은 실무 경험을 쌓을 뿐만 아니라 다양한 이해관계자들과 협업 능력도 기를 수 있다. 협업 도구로는 피그마, 피그잼(Figjam),

미로(Miro)와 같은 온라인 협업 플랫폼, 프로젝트 관리 도구(트렐로, 노션), 프로토타이핑 도구 등이 활용된다.

이러한 세 가지 교육 방식은 서로 유기적으로 연결되어 있으며, 각각의 장점을 살려 통합적인 디자인 교육을 구성하는 것이 현대 디자인 교육의 핵심이다. 특히 온라인 교육 플랫폼의 발달로 이러한 교육 방식들은 더욱 다양한 형태로 발전하고 있으며, 시공간 제약 없이 효과적인 학습이 가능해지고 있다.

강의형 교육

1. 주로 이론 전달에 효과적이다.
2. 교육자가 주도적으로 수업을 진행해야 한다.
3. 실습이나 프로젝트형 수업을 하더라도 초기에는 관련 이론 기반의 강의형 수업을 진행하는 것이 적합하다.
4. 학생들의 집중시간이 제한적이다.
5. 학생들에게 노트 필기를 권장한다.
6. 사례나 퀴즈로 다채로운 수업 구성을 권장한다.

실습형 교육

1. 실습을 통해 디자인 기술 습득에 중점을 준다.
2. 난이도별 반복적인 연습 기회를 제공해야 한다.

3. 실습 도구와 소프트웨어가 준비되어 있어야 한다.
4. 주도적인 참여로 집중도가 높은 편이다.
5. 실습 목표가 분명해야 한다.
6. 실습결과물에 대한 피드백을 제공해야 한다.

프로젝트형 교육

1. 개인 또는 팀으로 프로젝트를 수행한다.
2. 실질적인 문제 해결이 가능하도록 구성한다.
3. 프로세스를 명확히 제시한다.
4. 강의와 실습에서 배운 내용을 종합적으로 활용할 수 있도록 한다.
5. 학습자별 역할이 중복되지 않도록 팀을 배정한다.
6. 지식, 기술, 태도 등 포괄적인 능력 학습을 목표로 한다.
7. 결과물은 포트폴리오 제작에 초점을 맞춘다.

AI 시대의 디자인 교육

AI 기술 발전과 함께 디자인 교육은 또 다시 근본적인 변화를 맞이하고 있다. 이러한 변화는 크게 "인재 양성"과 "교육 방식", "교육자의 역할" 이렇게 세 가지 측면에서 살펴볼 수 있다. 급변하는 디자인 환경에서 이러한 변화를 이해하고 대응하는 것은 디자인 교육의 지속 가능한 발전을 위해 매우 중요하다.

먼저 "인재 양성" 측면에서 생각해 본다면, 4차 산업혁명 시대는 창의적 사고와 기술적 역량을 겸비한 융합형 인재를 요구한다. 이에 따라 디자인 교육은 AI 디자인 트렌드를 이해하고 관련 도구를 능숙하게 활용할 수 있는 전문가 양성에 주력하게 될 것이다. 특히 AI 리터러시 교육이 강화되어, 디자이너들은 인공지능의 원리를 이해하고 이를 창의적으로 활용하는 능력을 갖추게 될 것이다. 새로운 직군 등장도 주목할 만하다. 디자인 데이터 분석가, AI 디자인 관리자와 같은 융합형 전문가에 대한 수요가 증가하면서 대학은 디자인과 AI를 접목한 새로운 전공 과정을 개설하여 이러한 수요에 대응하고 있다. 이러한 변화는 단순히 기술 습득을 넘어서 윤리적 판단력과 인문학적 통찰력을 겸비한 균형 잡힌 인재 양성의 중요성을 더욱 부각시키고 있다.

AI 기술은 "교육 방식"에도 혁신적인 변화를 가져올 것이다. 개인 맞춤형 학습이 가능해져 학습자의 역량과 성향에 따른 최적화된 교육 내용이 제공될 것이다. 시공간 제약 없는 온라인 교육이 보편화되며 실시간 피드백과 진도 관리가 더욱 정교해질 전망이다. 프로젝트 기반 학습(Project-Based Learning, PBL)은 AI 시대의 핵심적인 교육 방식으로 자리 잡을 것이다. 학생들은 실제 산업 현장의 문제를 AI 기술을 활용하여 해결하면서 실무 능력과 문제 해결 역량을 동시에 키울 수 있다. 특히 메타버스와 같은 새로운 기술 플랫폼 등장으로 실습과 협업 방식이 더욱 다양화되고 있으며, 이는 디자인 교육의 가능성을 한층 확장시키고 있다.

마지막으로 "교육자의 역할"은 단순한 지식 전달자가 아닌 새로운 역할을 수행하게 될 것이다. 또한 AI와 학생 간 소통을 매개하고, 학생 간 협업을 촉진하는 퍼실리테이터(Facilitator, 소통을 촉진하는 진행자)로 거듭날 것이다. 교육자는 AI 기술을 배워 그 시대에 가장 자연스러운 교육 방식과 학습 관리 방식을 익혀야 한다. 이는 교육자에게 주 전공 분야인 디자인뿐만 아니라 인문학적 소양, 사회적 맥락의 이해, 감성적 지능이라는 세 가지 차원에서의 전문성 확장을 요구한다. 먼저 교육자는 철학, 윤리학, 심리학, 사회학 등 폭넓은 인문학적 지식을 바탕으로 AI 시대의 디자인이 나아가야 할 방향을 제시할 수 있어야 한다. 또한 환경 문제, 사회적 형평성, 디지털 격차, 글로벌 문화 다양성과 같은 현대 사회의 주요 이슈들을 지속적으로 파악하고 분석하는 능력이 필요하다. 특히 AI가 대체할 수 없는 인간 고유의 감성적 역량,

즉 학습자의 감정 상태를 민감하게 인지하고 적절히 대응하는 능력, 창작 과정에서 발생하는 불안과 좌절을 다루는 심리적 지원 능력, 팀 프로젝트에서의 갈등 조정 능력 등을 강화해야 한다. 이러한 역량을 개발하기 위해 교육자는 인문학 독서 모임 참여, 사회 이슈 관련 세미나 참석, 감성 코칭 교육 이수, 다양한 문화 체험 등 지속적인 자기 계발을 실천해야 할 것이다.

참고문헌

박정기(2024). 인공지능 기술 활용에 따른 디자인 교육적 함의 및 향방. ≪한국디자인문화학회≫, 147~158쪽.

Woodham, J.(2001). Designing design history: From pevsner to postmodernism. *ACCESS: Contemporary Issues in Education, 20*(2), 130−140.

02
교육자를 위한 AI 현주소

교육의 본질은 미래 사회에서 살아가는 법을 다음 세대에게 전달하고 안내하는 것이다. 이러한 시각에서 볼 때 인공지능의 확산은 교육자들이 경험해 보지 못한 새로운 미래를 만들어 가고 있다는 점에서 많은 교육적 과제를 낳고 있다. AI의 현주소를 이해하고 미래를 예측하는 통찰력이 그 어느 때보다 필요한 시점이다.

AI와 MBTI?

AI 시대를 맞이하는 교육자 자세

교육의 본질은 미래 사회에서 살아가는 법을 다음 세대에게 전달하고 안내하는 것이다. 따라서 교육은 미래를 준비하는 과정으로 설계되어야 하며, 구체적으로는 학생들이 미래 사회에서 필요한 가치관과 역량을 갖출 수 있도록 지도해야 한다.

이러한 시각에서 볼 때 인공지능의 확산은 교육자들이 경험해 보지 못한 새로운 미래를 만들어 가고 있다는 점에서 많은 교육 과제를 낳고 있다. 게다가 미래를 잘 예측하고 정보를 체계적으로 제공하는 인공지능의 능력은 교수자의 전통적 역할에 대한 근본적인 재정립을 촉구하고 있다. 2019년 유네스코 사무총장인 오드레 아줄레(Audrey Azoulay)는 "인공지능은 교육을 완전히 바꾸어 놓을 것이며 학습 도구와 방법, 지식 접근성, 그리고 교사 양성에서 혁명적인 변화를 가져올 것"이라고 말했다. 인공지능은 21세기 사회 변화의 원동력이며, 특별히 의도적인 개입이 없다면 사실상 자연스럽게 모든 산업을 변화시킬 것으로 예상된다(배영자, 2024). 따라서 현재 우리가 직면한 이 시대는 이전 어느 때보다 교육에 대한 중대한 고민과 변화가 요구되는 상황이다.

그렇다면 우리가 한 번도 경험해 보지 못한 인공지능

과 함께 살아가야 하는 미래 세대에게 교육자는 어떤 역할을 해야 하는가? 그리고 무엇을 어떻게 지도해야 할까? 막연한 질문으로 교육의 미래를 정확히 예측하는 것은 쉽지 않다. 하지만 과거 인류가 겪어온 기술 혁신 역사와 그에 따른 교육 변화 양상을 면밀히 살펴본다면 불확실한 AI 시대라도 그에 맞는 교육적 대응 방안을 모색할 수 있을 것이다.

교육과 기술의 융합, 에듀테크

에듀테크(EduTech)란 교육(Education)과 기술(Technology)의 합성어로 ICT(Information & Communications Technology) 기술을 활용한 교육 서비스 기술을 의미한다. 디지털 기술의 발전과 함께 시작된 에듀테크는 정보화 시대를 거쳐 4차 산업 혁명 시대에 이르기까지 지속적으로 진화해 왔다. 1990년대 인터넷의 보급과 함께 시작된 초기 에듀테크는 주로 이러닝(e-Learning) 형태로 발전했다. 학습자가 시공간 제약 없이 편리하게 학습할 수 있다는 장점으로 빠르게 확산되었다. 이때 에듀테크는 교육 내용을 디지털 콘텐츠 형태로 가공하고 배포하는 '교육 전달' 수단으로 통용되었다.

2010년대에 들어서면서 스마트 기기 보편화와 함께

에듀테크는 새로운 전환점을 맞이했다. 모바일 러닝(m-Learning)이 활성화되었고, 개인 맞춤형 학습과 실시간 피드백이 가능한 적응형 학습 시스템이 등장했다. 즉 교육 내용뿐만 아니라 교육이 이루어지는 학습 공간이 '학습 시스템'으로 개발된 것이다. 이로써 교육자는 에듀테크를 통해 교육 내용 전달뿐만 아니라 학생을 관리하는 수단으로 에듀테크의 활용도가 넓어졌다. 학습자 입장에서도 스마트 기기를 통한 학습은 획기적인 변화를 가져왔다. 시공간에 더욱 제약 없이 이동 중이나 자투리 시간을 효율적으로 활용할 수 있게 되었다. 또한 교육에 게이미피케이션(Gamification, 게임기법 적용) 요소가 도입되면서 학습은 더 이상 지루한 과정이 아닌 흥미로운 도전이 되었다. 퀴즈, 레벨 시스템, 보상 체계 등 게임 요소들이 학습 동기를 높이는 데 큰 역할을 했다. 또한 SNS(Social Networking Service)와 연계된 학습 플랫폼 등장으로 학습자 간 실시간 소통과 협업이 가능해지고 선의의 경쟁을 펼치기도 하면서 소셜 러닝(Social learning) 개념도 등장했다.

최근 에듀테크는 AI 기술을 접목시켜 학습자의 수준과 진도, 학습 스타일에 맞게 최적화된 학습 경로를 제시한다. 예를 들어 AI는 학습자의 문제 풀이 패턴, 오답 유형, 학습 속도 등을 분석하여 취약점을 정확히 진단하고, 이에 맞춤화된 보충 학습 콘텐츠를 추천할 수 있게 되었다. 사실 학습자의 수준을 평가하고 학습 방법을 제안하는 역할은 전통적 교수자의 핵심 역할 중 하나다. 그런데 그 역할까지 AI가 효과적으로 수행하게 되면서 에듀테크는 과거와 또 다른 영역으로 확장을 시도하고 있다.

디자인 교육자를 위한 AI 도구

디자인 교육자가 꼭 알아야 하는 AI 도구는 크게 두 가지로 나누어 볼 수 있다. "창작 활동" 수단으로서 AI 도구와 "학습 보조" 수단으로서 AI 도구다.

첫째, 디자이너의 "창작 활동 수단"으로서 AI 툴은 이미지 생성, 디자인 패턴 제안, 레이아웃 최적화 등 실제 디자인 작업을 보조하는 도구들을 포함한다. 최근 개발된 디자인 관련 AI 툴은 과거의 도구들과는 비교할 수 없을 정도로 뛰어난 성능을 보여 주고 있다. 이러한 AI 툴은 방대한 데이터를 신속하게 분석할 뿐만 아니라 고품질의 창작물을 생성할 수 있는 능력을 갖추고 있다. 특히 사용자 경험, 시장 트렌드, 접근성 등 디자이너가 미처 고려하지 못한 다양한 측면들을 종합적으로 분석하고 제안할 수 있을 만큼 진화했다.

이러한 AI 도구들 중 주목할 만한 것들로는 스테이블 디퓨전(Stable Diffusion), 미드저니(Midjourney), 달리(DALL-E), 어도비 파이어플라이(Adobe Firefly) 등이 있다. Stable Diffusion은 텍스트에서 이미지를 생성하는 능력이 뛰어나며, 특히 광고나 브랜딩 작업에 많이 사용된다. MidJourney는 예술적이고 독특한 이미지 생성에 특화되어 있어 디지털 아티스트들에게 인기가 높다. DALL-E 3는 텍스트 설명을 바탕으로 고화질 이미지를 생성할 수 있어 예술적 표현이나 창의적인 작업에 널리 사용된다. Adobe Firefly는 텍스트에서 이미지를 생성하거나 이미지에서 텍스트를 생성하는 등 다양한 기능을 제공하며, Adobe의 다른 제품들과 통합이 강점이다(최경화, 2024).

따라서 디자이너가 AI 툴을 전략적으로 활용한다면 반복적인 작업은 AI에 위임하고 보다 창의적이고 혁신적인 작업에 집중할 수 있게 된다. 그러나 이는 동시에 단순 작업에만 특화된 디자이너는 위기를 맞이할 수 있음을 의미한다. 따라서 디자인 교육에서 AI 툴의 학습은 선택이 아닌 필수다.

둘째, 교육자의 "학습 보조 수단"으로서 AI 툴은 효과적인 학습 진행, 개인 진도 관리, 개별화된 피드백 제공

등 교육적 목적으로 활용되는 도구들을 포함한다.

예를 들어 드리미나(Dreamina)는 교사들이 수업을 위한 시각적 자료를 만드는 데 도움을 주는 AI 기반 도구다. 이 도구를 사용하면 수업 배너, 책 표지, 학습 카드 또는 과외 활동을 위한 컬러링 페이지 등 다양한 교육 자료를 생성할 수 있다. 또한 ChatGPT는 교사가 수업 콘텐츠를 생성하는 데 도움을 주는 강력한 AI 도구로 핸드북, 워크 시트, 수업 콘텐츠 등을 쉽게 만들 수 있게 해 준다. 뷰티풀 에이아이(Beautiful_ai)는 교사들이 대화형 프레젠테이션을 만드는 데 도움을 주는 AI 도구로 학생들의 관심과 참여를 촉진하는 데 유용하다. 슬라이드고(Slidesgo)는 수업 계획을 자동으로 생성할 수 있도록 도와주는 AI 교육 도구로 교사가 원하는 수업 유형에 맞춰 상세한 수업 목표, 자료, 활동 등을 생성할 수 있다.

온라인 수업 시 줌(Zoom) 또는 구글밋(google meet)에 탑재된 AI 기능을 활용하면 수업 내용 자동 기록, 요약, 복습을 위한 영상 제작까지 알아서 척척 진행해 준다. 또한 AI 기반 학습 관리 시스템을 활용하면 많은 학생들의 정량적 평가는 AI에게 위임하고 교육자는 문제가 있는 특정 학생에게 집중할 수 있어 중도 포기하는 학생을 미연에 방지할 수 있다. 마지막으로 AI 기반 루브릭 생성 도구는 체계적이고 객관적인 디자인 평가 기준을 제시하여 보다 공정하고 일관된 평가를 수행할 수 있다.

이처럼 효율성, 효과성, 일관성, 개인 맞춤화, 혁신성 등 다방면으로 교육 품질 향상을 위해 관련 AI 툴 활용은 필수적이다. 디자인 교육자는 '창작 활동'과 '학습 보조' 수단이라는 목적을 가지고 디자이너보다 더 빠르게 관련 AI 도구의 특성을 이해하고, 디자인 프로세스와 교육 과정에 적용할 수 있어야 한다.

AI로 인한 디자인 프로세스 변화

창작 활동 수단으로서 AI를 이해하기 위해서는 디자인 프로세스를 잘 살펴봐야 한다. 디자인 분야에서 가장 널리 알려진 방법론 중 하나는 영국 디자인 협회(Design Council)가 제안한 '더블다이아몬드 프로세스'다. 이 프로세스는 크게 네 단계로 발견(Discover), 정의(Define), 개발(Develop), 전달(Deliver)로 구성된다.

더블다이아몬드 프로세스

1. 발견: 문제 이해와 리서치를 통해 생각 발산.
2. 정의: 수집한 정보를 분석하여 핵심 문제 정의.
3. 개발: 다양한 해결책을 탐색하고 프로토타입 제작.

4. 전달: 최종 솔루션을 구체화하고 실행.

더블다이아몬드 프로세스는 두 개의 마름모로 표현되는데, 1개의 마름모는 생각의 발산과 수렴을 상징한다. '발견' 단계에서는 발산이, '정의' 단계에서는 수렴이 이루어지며, 이어 '개발' 단계에서 다시 시각화를 위한 발산이, '전달' 단계에서는 최종 수렴이 진행된다.

이러한 디자인 프로세스는 AI 기술 발전으로 큰 변화를 맞이했다. 특히 발산이 이루어지는 '발견' 단계와 '개발' 단계에서 AI의 영향력이 두드러진다. '발견' 단계에서 AI는 인간의 능력을 뛰어넘는 속도로 방대한 자료를 수집하고 분석할 수 있어 디자이너의 사고 확장과 영감 도출에 큰 도움을 준다.

'개발' 단계에서는 Midjourney나 DALL-E와 같은 이미지 생성 AI가 혁신적인 변화를 가져왔다. 이들은 다양한 디자인 콘셉트를 즉각적으로 시각화할 수 있어 디자이너가 더 폭넓은 가능성을 탐색할 수 있게 되었다. 단순한 일러스트레이션부터 회화, 사진에 이르기까지 다양한 시각물을 생성할 수 있으며 텍스트, 음악, 영상 등 멀티미디어 콘텐츠도 신속하게 제작할 수 있다. 사용자 인터페이스(User Interface, UI) 디자인 분야에서는 가상의 서비스를 즉각적으로 프로토타입으로 구현하여 실시간으로 모바일 앱 사용성을 테스트할 수 있게 되었다.

이처럼 발산하는 과정에서 AI는 디자이너에게 신선한 영감과 풍부한 데이터 분석 결과를 제공함으로써 창의적 사고의 폭을 확장시키고 혁신적인 결과물 도출에 긍정적인 영향을 미친다. 더불어 디자이너는 상대적으로 '정의', '전달' 단계와 같이 생각을 수렴하는 과정에 더 많은 시간과 노력을 투자할 수 있게 되어, 보다 깊이 있고 완성도 높은 결과물을 만들 수 있게 되었다. 자신만의 관점으로 우선순위를 정하고 문제를 정의하면서 차별화된 결과물을 구상하는 데 유리해졌다. 이러한 이유로 발산하는 과정에서 AI 도구 활용은 이제 필수적인 요소가 되었다.

하지만 우리가 반드시 유념해야 할 점이 있다. AI는 디지털 데이터만을 수집하고 분석한다. 즉 인간의 아날로그적 환경이나 감정, 인간성(Humanity), 사회적 맥락 등은 완벽히 이해할 수 없다는 한계를 지닌다. 따라서 발산 단계를 AI에만 의존하거나 AI 판단을 맹목적으로 따르는 것은 인간 중심 디자인(Human Centered Design, HCD)의 본질에서 벗어날 수 있다. 디자이너는 AI가 포착하지 못하는 인간적, 사회적, 환경적 요소들에서 발생하는 문제와 니즈를 섬세하게 발견하고 수집하는 노력을 게을리하면 안 된다.

교육자를 위한 프롬프트 이해

학습 보조 수단으로서 AI 도구를 살펴보자. 우선 생성형 AI(Generative AI, GenAI)란 사용자 요청에 따라 텍스트, 이미지, 음성, 영상 등 새로운 콘텐츠를 생성할 수 있는 인공지능을 말한다. ChatGPT, DALL-E, Midjourney와 같은 생성형 AI는 디지털 세상의 방대한 데이터를 학습하여, 사용자의 명령어에 따라 혁신적인 콘텐츠를 만들어 낸다. 이러한 생성형 AI는 기존의 규칙 기반 AI나 분류 · 예측 중심의 AI와 달리, 학습한 데이터를 바탕으로 전혀 새로운 결과물을 창출해 낼 수 있다는 점에서 혁신적이다. 특히 최근에는 기술 발전으로 텍스트를 입력하면 이미지를, 이미지를 입력하면 영상을 생성하는 등 서로 다른 형태의 데이터를 자유롭게 변환하여 생성하는 것이 가능해졌다.

이때 사용자가 AI에게 전달하는 명령어를 프롬프트라고 하는데, 이는 마치 동료에게 작업을 설명하듯 AI에게 원하는 결과물에 대해 상세히 전달하는 텍스트 기반의 지시문이다. 프롬프트는 생성형 AI의 출력 품질을 결정

짓는 핵심 요소로, 얼마나 명확하고 구체적인 지시를 하느냐에 따라 결과물의 품질이 현저히 달라진다. 효과적인 프롬프트 작성을 위해서는 목적, 맥락, 제약 조건, 예시 등을 체계적으로 구성해야 하며, 때로는 여러 단계의 프롬프트를 연쇄적으로 사용하는 프롬프트 체이닝(Prompt Chaining) 기법도 활용된다. 특히 교육 현장에서는 학습 목표와 학생들의 수준을 고려한 섬세한 프롬프트 설계가 요구된다. 교육자가 효과적인 프롬프트를 작성하기 위한 구체적인 가이드는 6장에서 더욱 상세히 설명한다.

참고문헌

배영자(2024.9.6). AI와 세계정치의 도전-글로벌 사우스(Global South)와 빅테크(Big Tech) 이슈. 동아시아연구원, https://eai.or.kr/new/ko/pub/view.asp?intSeq=22709&board=kor_special

정제영(2020.12.3). 인공지능 시대 교육정책 방향과 핵심과제에 대한 기대. 정책브리핑, https://www.korea.kr/news/cultureColumnView.do?newsId=148880369&pWise=mMain&pWiseMain=G1#celebrity

최경화(2024.7.24). 최고의 그래픽 디자인 작업을 위한 생성형 AI도구 10선. 카드앤그래픽스, https://www.cadgraphics.co.kr/newsview.php?pages=news&sub=news01&catecode=2&num=75043

The double diamond(2015), Design Council,
https://www.designcouncil.org.uk/our-resources/the-double-diamond/

03
AI와 강의형 교육 사례

이론 강의의 가장 어려운 숙제는 지루함이다. 이 지루함을 해결하기 위한 첫 단추로 수업을 시작하기 전, 학생들에게 질문을 먼저 제시하는 방법을 권한다. 질의응답에 능숙한 챗봇을 활용하면 수업 시작부터 집중력이 높아지고, 학생 주도 수업이 된다. 또한 여러 학생들의 대답을 "워드클라우드"와 같은 인포그래픽 AI로 종합해서 보면 다양한 대답을 한눈에 확인할 수 있다. 지루하고 어려운 이론 수업을 자기 주도의 즐거운 시작으로 극복할 수 있다.

AI와 난임 극복?

질문하는 챗봇 만들기: 뤼튼

강의형 이론 수업을 시작할 때, 적절한 질문으로 수업을 시작하면 자연스럽게 학생들을 집중시키고, 학습 목표도 잘 이해시킬 수 있다는 장점이 있다. 이러한 질문 중심의 교육 방식은 유대인 전통 교육 방법인 하브루타(havruta)와 맥을 같이 한다. 하브루타는 둘씩 짝을 지어 서로 질문을 주고받으며 깊이 있는 토론을 통해 학습하는 방식이다.

하지만 한국 교육 현장에서는 이러한 방식을 그대로 적용하기가 쉽지 않다. 한국은 자유로운 토론 문화가 정착되어 있지 않고 질문하거나 답변하는 것을 부담스러워하기 때문에 참여도가 낮다. 또한 질문도 너무 단순하고 일차원적인 경우 학생들 흥미를 이끌어 내기 어렵다.

이러한 문제를 해결하기 위해 "질문 주고받기" 챗봇을 만들어 디자인 이론 수업에 활용해 보았다. 생성형 AI "뤼튼(Wrtn)"으로 간단히 챗봇을 만들어 매 수업이 시작되면 10분씩 자리에 앉아 챗봇과 질문하는 시간을 가졌다. 뤼튼으로 만든 챗봇에 접속할 수 있는 QR 코드(Quick Response code, QR code)를 만들어 수업 화면에 띄우면 학생들은 폰으로 해당 챗봇에 접속해 질문과 답변을 시작한다. 저자는 이 시간을 수업의 "체크인" 시간으로 명했다. 이렇게 체크인 시간을 가지면 자연스럽게 차분한 면학 분위기로 수업을 시작할 수 있다는 기대 이상의 장점도 있다. 또한 대학생들은 확실히 비대면 소통 방식을 더 편하게 느껴서인지 챗봇과의 질문 참여도도 꾸준히 높았다.

교육자로서 본 방식에 만족하여 추후에는 수업 종료 시점에도 챗봇과 질의응답하는 "체크아웃" 시간을 추가하였다. 그날 이론 수업에서 배운 내용을 챗봇과 퀴즈를 통해 다시 한번 회상해서 기억시키기 위한 목적으로 활용하였다. 지루할 수 있는 이론 강의 분위기를 환기하고, 이론 내용에 더 집중하며 호기심을 줄 수 있는 유용한 방법이라고 생각한다. 뤼튼으로 챗봇 만들기 위한 단계별 세부 가이드는 아래에 대신한다.

"뤼튼"으로 챗봇 만들기

1. 접속 및 로그인

-뤼튼 AI 제작 스튜디오에 접속한다.

(https://store.wrtn.ai/store)

-원하는 방식으로 회원 가입, 로그인한다.

2. 챗봇 생성

-좌측 패널에서 [+AI 제작스튜디오] 버튼을 클릭한다.

-[+ 새 툴/챗봇 만들기] 버튼을 클릭하고 다음 화면에서 [챗봇]을 클릭한다.

3-1. 상세 정보 입력_1단계

-화면의 오른쪽에 챗봇 정보를 입력하면 좌측에 결과 화면이 반영된다. 좌측의 결과 화면을 확인하면서 오른쪽 입력란을 모두 채워 가면 된다.

-아이콘, 이름, 소개, 카테고리를 자유롭게 작성하면 된다. 공개 여부는 "공개"로 해야 하고 가격은 "무료"를 선택한다. 모두 입력했으면 아래에서 [다음 단계로]를 클릭한다.

3-2. 상세 정보 입력_2단계

-첫 메시지는 학생들이 챗봇을 마주했을 때 챗봇이 할 메시지를 입력한다. 단순히 인사만 하기보다는 학생들이 무엇에 대해 질문해야 하는지 키워드를 명확히 써 주는 것을 추천한다. 예를 들어 "오늘은 '컬러'에 대해 배울 건데 궁금한 것이 있니?"라고 하거나 "어떤 컬러를 좋아해?"라고 챗봇이 먼저 질문하는 것도 좋다.

-학생들이 스스로 질문을 작성하는 것이 어려울 것 같다면 예상 질문을 미리 3개 입력하는데, 학습자가 대학생이라면 예상 질문 "미사용"으로 선택하고 넘어간다.

3-3. 상세 정보 입력_3단계

-자유롭게 난이도를 선택하고 역할, 성격, 요구 사항은 화면에 안내된 문구를 참고하여 3~4문장 분량으로 구체적으로 작성한다.

3-4. 상세 정보 입력_4단계

-왼쪽 화면 아래에 텍스트 입력란이 있다. 자유롭게 작성하면서 챗봇과 질의응답을 나눠 보자. 수정이 필요하면 우측 상단에서 해당 탭을 눌러 자유롭게 수정할 수 있다.

4. 등록하기

-우측 상단 [등록하기] 버튼을 누르면 챗봇 제작이 완료된다.

-접속 링크를 QR 코드로 만들면 학생들이 폰에서 쉽게 접근할 수 있다.

실시간 워드클라우드 만들기: AI 코디니

"워드클라우드(WordCloud)"란 텍스트 형태의 단어나 문장에서 특정 용어들을 시각적 계층 구조로 표현하는 인포그래픽(Infographic, 정보와 그래픽의 합성어) 도구로 "단어 구름"이라고도 불린다. 이는 단어의 중요도나 빈도수 등에 따라 크기를 차등적으로 적용함으로써 복잡한 정보를 직관적으로 파악할 수 있게 해 주는 교육적 시각화 방법이다.

교육 현장, 특히 강의형 수업에서 워드클라우드는 다양하게 활용할 수 있다. 복잡하고 다양한 이론적 개념을 통합적으로 정리하여 보여 주면 전체적인 맥락을 한눈에 파악할 수 있어 빠르게 이해하는 데 도움을 준다. 또한 학습자에게 다양한 의견을 받아 이를 시각적으로 요약해서 보여 줄 때 특히 효과적이다. 그러나 실제로 워드클라우드를 생성할 때, 데이터 형태가 단어, 문장 등으로 다양하거나, 유사어가 있는 경우 이들을 모두 고려하는 것이 쉽지 않다. 따라서 강의를 진행하면서 실시간으로 자유롭게 데이터를 수집하고 바로 워드클라우드를 생성하는 것은 사실상 불가능에 가까웠다.

하지만 AI 기반 워드클라우드 생성 시스템으로 이제 해결 가능하다. AI 기술은 자연어 처리 기술을 활용하여 복잡한 문장 구조를 분석하고, 의미론적으로 유사한 표현을 자동으로 통합하여 처리한다. 따라서 교육자나 학습자가 형식에 구애받지 않고 자유롭게 데이터를 입력할 수 있게 됨으로써 좀 더 효율적인 교육 자료 제작이 가능해졌다. 필자가 활용한 AI 기반 워드클라우드 생성 시스템은 "AI 코디니"다. 구체적인 사용법은 아래 설명으로 대신한다.

"AI 코디니" 사용법

1. AI 코디니 사이트에 접속한다.

(https://aicodiny.com/codex)

2. 우측 상단 탭에서 [AI 학습]을 클릭한다.

3. [데이터 과학] 〉 [워드클라우드] 순으로 버튼을 클릭한다.

4. 보이는 화면에서 수집된 데이터를 모두 넣는다. 형식에 제한 없이 모두 넣고, [학습하기] 버튼을 클릭한다.

5. 학습이 완료되면 아래에 자동으로 워드클라우드 결과가 표시된다. 결과 하단에서 "표시 단어 수"를 조절하면 워드클라우드에 포함되는 단어 개수를 조절할 수 있다.

참고문헌

뤼튼 스튜디오. https://studio.wrtn.ai

오창석 외(2024). 『AI와 함께하는 슬기로운 교사생활』. 북멘토.

AI 코디니. https://aicodiny.com

04
AI와 실습형 교육 사례

시각적 표현에 익숙한 디자이너들이 텍스트 기반의 창작 방식을 접하게 되면서, 이는 단순한 도구의 변화를 넘어 디자인 사고의 근본적인 변화를 요구하게 되었다. 특히 손으로 직접 드로잉하며 시각화에 몰두해 왔던 디자이너들에게 언어로 이미지를 구현하는 프롬프트 작성은 새로운 도전 과제로 대두되고 있다. 이러한 맥락에서 디자인 교육 과정에 프롬프트 기반 이미지 생성 훈련은 필수적이다.

AI와 사주?

어도비사의 그래픽 툴을 활용한 디자인 실습은 전통적으로 마우스로 그래픽 요소를 조작하고 이미지를 편집하는 방식이었다. 포토샵이나 일러스트레이터와 같은 프로그램을 열고, 마우스로 그림을 그리거나 영상을 편집하는 과정이 지금까지의 전형적인 디자인 실습 시간의 모습이었다. 그러나 필자는 AI 시대에 맞춰 이전과는 차별화된 방식으로 어도비 그래픽 툴을 활용하는 실습을 진행했는데, 이는 바로 프롬프트 엔지니어링(Prompt Engineering)을 통한 이미지 생성 실습이었다. 즉, 마우스가 아닌 키보드로 그림을 그리는 새로운 패러다임의 디자인 방식을 도입한 것이다.

프롬프트만으로 이미지 생성하기: Adobe Photoshop

이 실습에서는 특히 어도비 포토샵의 '생성형 채우기' 기능을 핵심적으로 활용하였다. 이 기능은 AI를 활용해 기존 이미지의 맥락을 이해하고, 사용자가 입력한 프롬프트를 기반으로 자연스럽고 새로운 이미지를 생성할 수 있다는 점에서 혁신적이다.

구체적인 실습 과정은 다음과 같다. 먼저 학생들에게 어도비 포토샵을 실행하게 하고, 실습용 사진 한 장을 제공한다. 이때 제공되는 사진은 매우 중요한데, 사람이 등장하면서도 충분한 여백이 있는 사진이 이상적이다. 예를 들어 공원에 서 있는 인물 사진이나 카페에 앉아 있는 인물 사진 등이 좋은 예시가 될 수 있다. 자연 풍경이나 실내 공간 모두 가능하지만 AI가 분석하고 확장할 수 있는 충분한 맥락 정보가 담겨 있어야 한다.

학생들은 포토샵에서 이 사진을 불러온 후 생성형 툴을 선택하여 그림을 그릴 공간의 범위를 지정한다. 이 과정에서 중요한 것은 선택 영역의 경계를 자연스럽게 설정하는 것이다. 너무 직선적이거나 기계적인 선택은 후에 생성될 이미지와 경계가 부자연스러울 수 있기 때문이다. 영역 선택이 완료되면 [생성형 채우기] 버튼을 클릭하여 프롬프트 입력 창을 활성화한다.

프롬프트 작성 단계는 이 실습의 가장 핵심적인 부분이다. 학생들은 자신이 원하는 이미지를 상세하게 텍스트로 묘사해야 한다. 단순히 "바다가 있는 배경"이라고 입력하는 것보다는 "햇살이 반짝이는 청량한 에메랄드빛 바다, 몇 송이 야자수가 바람에 흔들리는 모습"과 같이 구체적으로 작성하는 것이 좋다. 프롬프트가 완성되면 [생성] 버튼을 클릭한다.

AI는 놀랍게도 이미지 속 인물의 원근감, 조명 조건,

색감 등을 정교하게 분석하여 매우 자연스럽고 새로운 배경 이미지를 생성해 낸다. 특히 주목할 만한 점은 AI가 단순히 배경만을 생성하는 것이 아니라 원본 이미지의 분위기와 톤을 철저히 분석하여 전체적인 조화를 이루는 이미지를 만들어 낸다는 것이다. 예를 들어 인물 사진의 조명이 오른쪽에서 비치고 있다면, 생성된 배경의 그림자와 하이라이트도 이에 맞춰 자연스럽게 구현된다. 또한 인물의 포즈나 시선 방향까지 고려하여 전체 구도의 균형을 맞추는 것을 볼 수 있다.

[생성형 채우기]는 기본적으로 3개의 시안을 제공한다. 학생들은 좌우 화살표 버튼을 눌러 가며 3개의 시안을 검토하고 가장 마음에 드는 결과물을 선택할 수 있다. 만약 3개의 시안이 모두 만족스럽지 않다면 프롬프트를 수정하여 새로운 이미지를 생성할 수 있다. 이때 이전 프롬프트의 어떤 부분이 원하는 결과를 만들어 내지 못했는지 분석하고, 더 구체적이거나 다른 방향의 묘사를 시도해 볼 수 있다.

이 과정에서 주목해야 할 중요한 교육적 포인트가 있다. 바로 프롬프트 수정에 대한 인식이다. 생성형 AI를 처음 접하는 학생들은 프롬프트를 여러 번 수정하는 것을 실패로 여기거나 첫 시도에서 완벽한 결과가 나와야 한다고 생각하기 쉽다. 하지만 이러한 생각은 디자인의 본질적인 과정을 고려할 때 재고할 필요가 있다.

전통적인 디자인 작업에서도 우리는 수많은 스케치와 수정 과정을 거친다. 다양한 레퍼런스 이미지를 탐색하고 다양한 시안을 지속적으로 만들어 가면서 추상적이었던 초기 콘셉트를 명료히 구체화한다. 이렇게 수정은 실패가 아닌 아이디어를 발전시키고 구체화하는 창의적인 과정이다. 프롬프트 작성 역시 마찬가지다.

따라서 교육자는 학생들에게 프롬프트 수정 시도를 적극적으로 격려하고 더 구체적이고 정교한 표현으로 발전시키도록 지도해야 한다. 이러한 반복적인 수정과 발전은 디자인 작업의 자연스러운 과정이며 더 나은 결과물을 만들어 내는 핵심 요소임을 강조할 필요가 있다. 더불어 이러한 과정은 학생들의 언어적 표현력과 시각적 상상력을 동시에 발전시킬 수 있는 새로운 형태의 디자인 교육 방법이 될 수 있다.

AI와 협업하여 이미지 생성하기: ChatGPT+DALL-E

대화형 AI 툴로 이미지를 생성하는 과정은 기존의 그래픽 툴을 활용한 이미지 생성 과정과 근본적인 차이를 보인다. ChatGPT와 DALL-E를 활용한 이미지 생성의 가장 두드러진 특징은 대화를 통한 점진적인 프롬프트 발전 과정에 있다. 포토샵과 같은 전통적인 그래픽 툴에서는 디자이너가 원하는 형상을 명확하고 구체적인 프롬프트로 입력하여 이미지를 생성한다. 이는 디자이너의 머릿속에 이미 구체화된 이미지가 있다는 것을 전제로 한다.

하지만 현실에서는 디자이너의 머릿속에 원하는 형상이 명확히 그려지지 않는 경우가 빈번하다. 추상적인 아이디어만 있거나 막연한 느낌만 있는 상태에서는 어떻게 해야 할까? 이미지 생성을 위한 구체적인 프롬프트 입력 자체가 어려운 이런 상황에서, 대화형 AI 툴은 브레인스토밍과 아이데이션(Ideation, 생각의 구체화)을 위한 이상적인 파트너가 될 수 있다.

예를 들어 "환경 보호"라는 주제로 포스터를 제작해야 하지만 구체적인 이미지가 떠오르지 않을 때, ChatGPT와 대화를 통해 다양한 접근 방식을 탐색할 수 있다. "지금 환경 보호가 가장 시급한 곳은 어디야?", "현재 가장 심각한 환경 문제는 무엇이지?", "요즘 젊은 세대는 환경 보호에 대해 어떤 생각을 가지고 있어?", "요즘 유행하는 포스터 디자인 트렌드를 설명해 줘", "환경 보호 캠페인에서 가장 효과적이었던 비주얼은 어떤 것이 있어?" 등 다양한 각도에서 영감을 얻기 위한 자유로운 대화를 시도할 수 있다.

이러한 특성에 주목하여 필자는 디자인 실습 교육을 대화형 AI 툴로도 진행해 보았다. ChatGPT는 사용자와의 대화를 통해 이미지 생성을 위한 프롬프트를 점진적으로 발전시킬 수 있는 최적의 파트너임이 입증되었다. 사용자가 모호하거나 불완전한 설명을 제시하더라도 ChatGPT는 "그 아이디어를 좀 더 구체화해 볼까요?", "여기에 어떤 시각적 요소를 추가하면 좋을까요?", "당신이 전달하고 싶은 핵심 메시지는 무엇인가요?" 등의 추가 질문과 제안을 통해 아이디어를 고도화할 수 있도록 안내한다.

특히 주목할 만한 점은 ChatGPT가 사용자의 의도를 정확히 파악하여 DALL-E에 최적화된 프롬프트를 지원한다는 것이다. DALL-E의 특성과 한계를 이해하고 있는 ChatGPT는 이미지 생성에 가장 효과적인 프롬프트 구조와 표현을 제안할 수 있다. 따라서 사용자는 ChatGPT와 대화만으로 목표 설정 〉 기획 〉 이미지 생성 〉 수정의 전 과정을 즉각적으로 시행할 수 있다. 이는 마치 경험 많은 디자인 동료와 협업하며 디자인 프로세스를 진행하는 것과 유사한 경험을 제공한다.

이러한 대화형 접근 방식은 디자인 교육에서 새로운 의미와 가능성을 제시한다. 첫째, 학습자들은 시각적 결과물을 얻기 위해 자신의 아이디어를 언어로 정확하게 표현하는 능력을 자연스럽게 개발하게 된다. 이는 향후 동료 디자이너들과 협업이나 클라이언트와의 커뮤니케이션에서 매우 중요한 역량이 될 것이다.

둘째, AI와 대화 과정에서 학습자들은 디자인 요소와 원칙에 대한 이해도를 자연스럽게 높일 수 있다. ChatGPT와 대화는 단순히 이미지 생성을 위한 것을 넘어 디자인 기본 원리와 시각적 커뮤니케이션의 핵심 요소들을 학습하는 기회가 된다.

셋째, 창의적 문제 해결 능력의 발전을 촉진한다. AI와 대화를 통한 아이디어 발전 과정은 학습자들이 문제를 다각도로 바라보고, 다양한 해결 방안을 탐색하는 능력을 기르는 데 도움이 된다.

마지막으로 이러한 방식은 디지털 네이티브 세대의 학습 특성에도 잘 부합한다. 대화형 인터페이스를 통한 학습은 이들에게 더욱 자연스럽고 효과적인 학습 경험을 제공할 수 있다. 더불어 AI와 협업 경험은 미래 디자인 현장에서 필수적으로 요구될 역량을 미리 준비하는 기회가 될 것이다.

디자이너를 위한 프롬프트

효과적인 프롬프트 작성은 디자이너가 자신의 의도를 AI에게 정확하게 전달하여 원하는 결과물을 얻는 데 가장 핵심적인 요소라고 할 수 있다. 이를 위해서는 생성형 AI 툴을 적극적으로 활용해 보는 실전 경험과 더불어 효과적인 프롬프트 작성법을 체계적으로 학습하는 것이 매우 중요하다. 여기서는 디자이너가 알아야 할 효과적인 프롬프트의 주요 구성 요소들을 자세히 살펴보고자 한다.

첫째, 제품의 목적이 포함된 기본 정보를 명확하게 제시하는 것이 중요하다. 제품명과 카테고리를 명확히 명시하고 크기나 규모를 유사한 제품과 비교하여 설명하면 AI가 제품의 기본적인 형태를 더 정확하게 이해할 수 있다. 예를 들어 "현대적인 디자인의 1인용 안락의자로, 일반 식탁 의자보다 약 1.5배 큰 크기입니다"와 같이 구체적으로 표현하면 좋다. 이때 단순히 수치 정보를 나열하기보다는 AI가 이해하기 쉽도록 비교 대상을 활용하여 설명하는 것이 효과적이다.

둘째, 원하는 디자인 스타일에 대해 설명해야 한다. 형용사나 비유적 표현으로 전체적인 디자인 콘셉트를 먼저 제시하고 이어서 주요 구성 요소, 재질, 색상 등을 구체적으로 기술하는 것이 바람직하다. 예를 들어 "부드러운 곡선과 따뜻한 나무 재질을 활용한 등받이, 베이지 컬러의 패브릭 쿠션, 검은색 금속 프레임이 조화를 이루는 디자인입니다"와 같이 표현하면 AI가 디자인의 핵심 요소를 정확하게 파악할 수 있다. 특히 재질감이나 색상과 같은 시각적 요소는 가능한 한 구체적으로 설명하는 것이 좋다.

셋째, 사용자와 사용 맥락을 명확히 제시하는 것도 매우 중요하다. 사용자와 상호작용 방식, 제품이 실제로 사용될 환경, 주요 타깃 사용자 그룹 등을 구체적으로 명시하면 AI가 더욱 적절한 이미지를 생성할 수 있다. "재택근무자를 위한 편안한 자세 지원이 가능하며, 높이 조절이 가능한 팔걸이가 있어 장시간 업무에도 피로감이 적습니다. 특히 서재나 홈 오피스 환경에 자연스럽게 어울리는 세련된 디자인을 추구했습니다"와 같이 구체적인 사용 시나리오를 포함하면 더욱 효과적이다.

마지막으로 원하는 구성이 있다면 표현 방식을 정확한 전문 용어로 세밀하게 지정하는 것이 중요하다. 이미지의 시점, 조명 조건, 세부 표현 수준 등을 구체적으로 명시하면 더욱 정교한 결과물을 얻을 수 있다. "45도 각도에서 바라본 모습으로 따뜻한 자연광이 왼쪽에서 비치는 환경에서 촬영된 이미지입니다. 특히 나무와 패브릭 질감이 섬세하게 표현된 포토리얼리스틱한 렌더링으로 제작해 주세요"와 같이 구체적인 이미지 스타일을 지정하면 좋다.

이러한 요소들을 체계적으로 조합하여 프롬프트를 작성하면 생성형 AI는 디자이너의 의도를 훨씬 더 정확하게 반영한 제품 이미지를 생성할 수 있다. 여기서 중요한 점은 프롬프트 작성을 단순히 정보를 나열하는 작업으로 보는 것이 아니라 AI와의 효과적인 커뮤니케이션 방법으로 이해해야 한다는 것이다. 이는 마치 동료 디자이너에게 자신의 디자인 의도를 설명하는 것과 같은 맥락으로 접근해야 한다.

더불어 프롬프트 작성 능력을 향상시키기 위해서는 자신의 생각을 신속하게 정리하고 이를 정확한 언어로 표현하는 훈련이 필요하다. 이는 단순히 AI와 협업뿐만 아니라 향후 클라이언트나 팀원들과 커뮤니케이션을 위해서도 매우 중요한 역량이 될 것이다. 따라서 디자이너들은 프롬프트 작성을 하나의 전문적인 스킬로 인식하고 이를 지속적으로 발전시켜 나가야 할 것이다.

참고문헌

유훈식(2024). Midjourney, UXUI 디자이너에게 필수가 되다. 브런치스토리, https://brunch.co.kr/@ghidesigner/182

윤예찬·주대원(2024). 제품디자인을 위한 이미지 생성형 AI 프롬프트 구성요소 사례연구. ≪한국디자인리서치학회≫, 780~795쪽.

05
AI와 프로젝트형 교육 사례

워크숍과 프로젝트 기반의 디자인 교육은 실제 현장의 문제 해결 과정을 경험하게 하는 실천적 교육 방식이다. 학습자들은 주어진 과제를 해결하기 위해 리서치, 기획, 디자인, 프로토타입 제작 등 전 과정을 직접 수행하면서 실무에서 필요한 역량을 자연스럽게 습득하게 된다. 이 과정에서 AI 툴을 활용하면 제작 스킬의 진입 장벽이 낮아져 누구나 효율적으로 솔루션을 시각화할 수 있다. 따라서 단순 제작보다는 다양한 관점에서 문제를 바라보고 해결하는 능력을 기를 수 있다.

AI와 아이돌?

앱 만들기: Galileo AI, ChatGPT

AI를 활용한 UX/UI디자인 워크숍 사례다. UX/UI디자인을 작업할 때 전 세계적으로 가장 많이 사용하는 툴은 단연코 Figma다. 하지만 Figma에 아직 AI 기능이 많지는 않다. 물론 2025년에는 다양한 AI 기능이 Figma에 추가될 예정이라 기대하는 바가 크다. 하지만 현 시점에서는 갈릴레오(Galileo) AI라는 툴을 활용하여 AI 기반 UI 디자인 작업을 진행해 볼 수 있다. Galileo AI에 UI 디자인을 위한 프롬프트를 입력할 때에는 Galileo에서 정한 프롬프트 가이드에 따르는 것이 좋다. 가이드는 아래와 같다.

Galileo AI **프롬프트 가이드**

1. 앱의 구체적인 기능과 목표를 작성해야 한다.
2. 앱에 추가할 이미지도 묘사할 수 있다.
3. 전체적인 무드와 느낌을 설명할 때에는 형용사를 사용하는 것이 좋다.
4. 지속적으로 프롬프트를 수정하면서 결과물을 컨트롤 할 수 있다.

그런데 위 내용을 구체적으로 작성하려면 우선 앱 기

획이 완료되어야 한다. 따라서 Galileo AI를 사용하기 전에 ChatGPT로 앱 기획 과정을 진행해야 한다. 앱 기획과정은 아래의 프로세스로 진행된다.

앱 기획 프로세스

1. 프로젝트의 다양한 문제 탐색
2. 페르소나(Persona) 설정
3. 주요 문제 정의
4. 문제별 해결책 정의
5. 디자인 차별화를 위한 콘셉트
6. 대표 화면 3개에 대한 UI 생성 프롬프트 작성.

1단계, 문제 탐색에서는 해당 프로젝트를 이해하기 위한 시장 조사나 트렌드 조사, 유사 서비스 비교 분석 등의 작업을 할 수 있다. ChatGPT에게 다양한 질문을 하면서 해당 프로젝트에 대한 전반적인 배경지식을 쌓고, 발생할 수 있는 주요 문제는 어떤 것들이 있는지 파악해 본다. 이를 위한 프롬프트는 아래 예시를 활용할 수 있다.

1. 카테고리와 지역을 지정하여 트렌드 조사 목적

"현재 [건강 관리] 앱 분야에서 가장 주목받고 있는 트렌드와 주요 사용자의 니즈는 무엇인가요? 최신 데이터와 사례를 기반으로 [한국] 시장에 대해 분석해 주세요. 또한 성공적인 서비스들이 공통적으로 사용하는 전략이 있다면 설명해 주세요."

2. 유사 서비스 비교 분석
"현재 [시간 관리와 일정 관리]를 제공하는 주요 경쟁사(예: [타임블럭, 구글 캘린더 등])를 분석해 주세요. 각각의 서비스가 제공하는 주요 기능과 차별화 요소, 그리고 사용자들이 자주 언급하는 장단점에 대해 알려 주세요."

3. 타깃 세부 분류와 특징 분석
"현재 [운동] 앱의 주요 사용자층을 세부적으로 분류한다면 어떤 특성으로 나눌 수 있나요? 예를 들어 연령, 직업, 취미, 가치관 등의 기준에 따라 이들 그룹의 주요 특징과 차이를 설명해 주세요."

2단계, 페르소나 설정에서는 우리의 타깃을 가상 인물로 구체화하는 작업을 해야 한다. 불특정 다수가 아닌 구체적인 페르소나를 정해야 앱의 주요 기능과 차별화 전략에 대한 우선순위를 결정할 수 있다. 페르소나를 정할 때에는 기능에 한정하지 않고, 사용자 라이프스타일을 먼저 정한 후 니즈를 파악하는 방식이 있고, 처음부터 앱의 주요 기능과 사용 목적, 예상되는 문제점을 기준으로 페르소나를 정하는 방식이 있다. 프로젝트를 진행할 때, 열린 자세로 창의적이고 다양한 기획을 하고 싶다면 전자를, 만들고 싶은 앱의 기능이 명확하다면 후자를 선택하는 것이 좋다. 관련 프롬프트는 아래에 있다.

1. 페르소나의 라이프스타일과 니즈 정의
"우리 앱의 주요 타깃 사용자를 가상의 인물로 설정하려고 합니다. [시간 관리]와 관련된 니즈와 행동을 고려했을 때, 이 사용자의 연령, 직업, 하루 일과, 주요 관심사, 앱을 사용할 필요성을 중심으로 상세한 프로필을 만들어 주세요."

2. 페르소나의 구체적인 목표와 문제점
"우리 앱의 주요 사용자 페르소나를 정의하려고 합니다. 이 사용자가 [건강 관리]를 위해 앱을 사용하는 구체적인 이유와 목표를 설정하고, 이 과정에서 겪고 있는 가장 큰 문제점을 작성해 주세요. 이 사용자가 어떤 방식으로 이 문제를 해결하려고 하는지에 대한 행동과 감정도 함께 포함해 주세요."

ChatGPT와 대화로 1~2명의 주요 페르소나를 정했다면 이제 그 페르소나를 위한 앱 기획을 진행할 수 있다. 페르소나의 인간적 특징에 대한 질문, 페르소나가 유사 앱을 사용하면서 겪을 수 있는 불편함, 페르소나에게 필요한 기능 구체화, 페르소나가 선호할 만한 디자인 스타일 등 궁금하고 고민해야 할 사항을 유연하게 ChatGPT에게 질문하여 앱 기획 프로세스 6단계를 진행한다.

이렇게 하면 학습자는 ChatGPT의 질문에 답변하면서 주어진 프로젝트의 문제를 해결하는 솔루션으로서의 앱 기능 및 UI를 구체화 할 수 있다. 최종적으로 결정된 앱의 대표 화면 3개의 프롬프트가 작성되면, 1개 화면의 프롬프트 내용을 복사하여 Galileo AI 프롬프트에 입력한다. 이때 Galileo AI의 프롬프트 가이드를 다시 확인하여 부족한 내용을 보충한다. 프롬프트 입력을 완료하면 UI 디자인 결과물이 생성된다. 수정하고 싶은 사항은 프롬프트로 작성해서 얼마든지 수정할 수 있다. 나머지 2개의 화면도 같은 방식으로 진행해 본다.

히트맵 기반 사용성 테스트: Figma, Attention Insight

디자인 교육에서 프로젝트 수업과 실습 수업의 차이점

중 하나는 '현실적 요구'의 반영 여부다. 이러한 맥락에서 디자인 결과물에 대한 사용성 테스트는 프로젝트 수업에서 자주 진행하는 주제다. UX/UI디자인 수업에서 사용성 테스트의 목표를 정할 땐, 기본적으로 디자인 결과물에 대한 이해도와 인지 정도를 측정하는 '효과성'으로 시작해서 완성도가 높은 결과물인 경우 '효율성'과 '만족도'까지 확장하기도 한다.

테스트 방법으로는 시각적 인지도를 측정하는 히트맵 분석, 구체적인 과업 수행, 심층 인터뷰 등 다양한 기법이 활용된다. 그러나 이러한 테스트를 진행할 때 가장 큰 어려움은 적절한 테스터를 확보하는 것이다. 테스터는 해당 디자인 작품에 관여하지 않은 일반인이어야 하는데, 학교 교육 환경에서 외부인을 수업에 참여시키는 데는 제도적, 현실적 제약이 따르기 때문이다.

이러한 문제를 해결할 수 있는 효과적인 대안으로 AI 기반의 히트맵 분석 도구를 활용할 수 있다. 필자의 수업에서는 보통 Figma로 UX/UI디자인을 진행하고 Attention Insight라는 Figma 플러그인을 통해 히트맵 분석 사용성 테스트를 진행한다. 구체적인 순서는 아래와 같다.

Attention Insight**를 활용한 히트맵 분석**

1. 분석할 디자인 준비

분석하려는 디자인 파일을 준비한다. Figma로 제작했다면 해당 Figma 파일을 열어 분석할 프레임을 선택한다. 다른 툴로 제작했다면 Figma에서 해당 이미지를 불러와 선택한다.

2. 플러그인 준비

Figma 하단의 주요 메뉴에서 [plugins&widgets] 〉 [Attention Insight]를 선택하여 실행한다. 최초 사용 시에는 로그인이 필요하다. 로그인이 안 된 경우 자동으로 로그인 화면으로 이동하니 이동된 화면에서 회원가입 및 로그인을 진행한다.

3. 히트맵 분석

해당 플러그인에 로그인이 되었다면 이제 분석할 준비가 된 것이다. [Attention Insight] 〉 [single design analysis] 〉 [desktop] 또는 [mobile]

순서대로 클릭하면 히트맵 분석이 실행된다.

4. 히트맵 결과 확인

분석이 완료되면 해당 이미지에 결과가 표시된다. 사용자의 시선이 머무를 가능성이 높은 영역이 빨간색으로 표시되어 강조된다. 가능성이 낮은 경우는 노란색, 더 낮은 경우는 파란색으로 나타난다.

5. 결과 분석
히트맵 결과를 통해 디자인 작업물 내 요소별 시인성, 각인성, 클릭률 등을 예측할 수 있다. 이를 바탕으로 주요 디자인 요소가 더 잘 인지되도록 디자인을 수정한다.

이렇게 AI를 활용하면 디자인 비전공자도 가능한 객관적 데이터와 피드백에 따라 완성도 있는 디자인 제작 과정에 큰 허들 없이 참여할 수 있다. 다만 본 플러그인은 무료 버전인 경우 분석 횟수에 제한이 있기 때문에 이를 고려하여 진행하길 당부한다.

참고문헌

이유리(2021). 디자인씽킹 교육프로그램의 효과성 제고 방안. ≪Entrepreneurship & ESG≫, 55~74쪽.

Galileo AI 프롬프트 가이드. https://www.usegalileo.ai/create/text-to-ui-example-1

06

AI를 활용한 수업 준비

모든 서비스가 개인 맞춤화되면서 교육자 역시 학습자에 따른 맞춤형 수업 개발이 필수가 되었다. 다양한 학습자 수준을 모두 고려하고, 더 나은 학습 경험을 제공하기 위한 수업 준비 과정에 AI 도구를 활용하면 업무 부담을 효율적으로 경감시킬 수 있다. 하지만 실질적으로 도움을 받기 위해서는 목적에 맞는 AI 툴 선택과 프롬프트 엔지니어링에 대한 이해가 필요하다.

AI와 야구?

정확하고 효율적인 자료 조사

4차 산업 혁명 시대의 핵심 키워드인 "개인화"는 교육 분야에서도 강력한 패러다임 변화를 이끌고 있다. 넷플릭스(Netflix), 유튜브(Youtube)처럼 개인의 취향과 선호도에 맞춘 맞춤형 콘텐츠 추천이 일상화된 환경에서 자란 현대 학습자들은 교육에서도 이러한 개인화된 경험을 기대한다. 따라서 매번 수업해 왔던 동일한 주제라도 학습자에 따라 맞춤형으로 수업 내용을 개선하고 보완하는 작업이 이제 교육자에게 필수적인 업무 루틴이 되었다. 하지만 교육자 개인이 혼자서 수업 자료를 개발하다 보면 지식과 경험의 한계가 있다. 이때 AI 툴을 활용하면 수업 준비를 위한 협력적 아이데이션이 가능하다.

AI 기반 대화형 도구는 교육자의 아이디어를 확장하고 체계화하는 데 효과적인 협력자 역할을 할 수 있다. 이러한 도구는 단순한 정보 제공을 넘어 교육자와 상호작용을 통해 새로운 관점과 아이디어를 제시하며, 이를 교육 자료로 발전시키는 과정을 지원한다. 현재 가장 대중적인 ChatGPT도 이러한 용도로 활용될 수 있으나 정보의 정확성과 검증 과정에서 상당한 시간과 노력이 요구된다는 한계가 있다.

반면 퍼플렉시티(Perplexity)는 실시간으로 검증된 출처를 제공하고 학술적 근거를 기반으로 대화를 진행할 수 있어 교육 자료 개발에 보다 적합한 도구로 평가된다. 특히 학술 논문이나 신뢰할 수 있는 글을 기반으로 한 정보 제공은 교육 자료의 품질과 신뢰성을 높이는 데 크게 기여한다. 사용 방법은 아주 간단하다. 텍스트 입력란에 수업 준비 시 고민되는 부분이나 찾고 싶은 자료를 프롬프트로 입력한다. 그러면 답변이 생성되는데 Perplexity가 직접 작성한 답변뿐만 아니라 관련 자료를 바로 확인할 수 있도록 이미지 자료와 아티클 링크, 관련 문서를 즉시 함께 보여 준다. 이 부분에서 Perplexity의 답변은 정확도와 신뢰도를 바로 검증할 수 있어, 수업 자료로 활용하는 데 걸리는 시간을 훨씬 단축시켜 주고 교육자에게 안정감을 준다. 또한 하단에 Perplexity가 관련 질문을 작성해 주는데, 이를 토대로 다른 사람들의 질문이나 생각의 발전 방향을 가늠할 수 있게 된다. 만약 Perplexity보다 조금 더 자료를 많이 보면서 대화하고 싶다면 젠스파크(Genspark)를 추천한다.

젠스파크는 출처가 있는 글을 제목뿐만 아니라 내용까지 일부 표시하여 어떤 글일지 더 예측 가능하고 관련 내용들은 마인드맵으로 표시해 주어 관련 정보들의 위계를 한 번에 이해할 수 있다.

수업 준비에 필요한 프롬프트 기법

교육자의 수업 준비 과정은 단순한 지식 정리를 넘어서는 복합적인 작업이다. 한 조사에 따르면 대학의 온라인 수업 3시간 분량을 준비하는 데 45%의 교육자가 5시간 이상을 투자하는 것으로 나타났다. 이미 숙지하고 있는 전공 내용조차 수업 시수보다 더 긴 시간을 준비해야 하는 상황에서 새로운 내용을 추가하게 되면 준비 시간은 더욱 증가할 수밖에 없다.

수업 준비는 매우 다양한 업무를 포함한다. 교육자는 수업 내용과 관련된 폭넓은 지식을 조사하고 학습해야 하며, 학습자의 특성을 이해하고 분석하는 시간도 필요하다. 이를 바탕으로 수업 시수에 맞는 체계적인 커리큘럼을 구성하고, 각 차시별 수업 자료를 완성도 있게 제작해야 한다. 여기에 학습자의 집중도 향상을 위한 퀴즈나 흥미로운 사례 연구, 과제와 평가 계획까지 준비해야 한다. 이 과정을 효율적으로 진행하기 위해 AI 툴을 활용한다면 무작정 시작하기보다는 프롬프트 엔지니어링에 대한 이해가 필수적이다. 왜냐하면 교육자의 수업 준비 업무들은 목적에 따라 다양한 포맷으로 도출되어야 하고,

업무마다 학습자/교육자 주체를 다르게 바꿔 가면서 생각해야 하기 때문이다.

예를 들어 프리젠테이션 자료는 학습자가 보기 쉬워야 하지만 강의 스크립트는 교육자가 보기 쉽도록 만들어져야 한다. 만약 학습자별 수준에 맞는 퀴즈를 출제하려고 한다면 이는 더더욱 많은 고려가 필요하다. 따라서 AI 툴을 활용하더라도 직접적인 효율을 얻기 위해서는 프롬프트 엔지니어링이 필요하다. 프롬프트 엔지니어링이란 목적에 부합하는 구체적이고 명확한 프롬프트를 작성하는 과정을 의미한다. 교육자는 본질적으로 설명하는 직업이기에 이미 뛰어난 프롬프트 엔지니어의 자질을 갖추고 있다고 생각한다. 보다 효과적인 업무 경감을 위한 5가지 프롬프트 엔지니어링 방법을 숙지하는 것이 좋다.

역할 부여

생성형 AI에게 역할을 부여하는 프롬프트를 입력하여 원하는 결과를 보다 명확하게 도출하는 것을 목표로 한다. 예를 들어 특정 수업에 대한 공지문을 쓴다고 가정해 보자. 공지문은 발신자가 누구인지에 따라 공지 내용과 말투, 분량 등이 정해진다. 발신자는 정부 기관, 학교 행정 직원, 동료 교수, 학생, 학부모 등 다양한 대상이 있을 수 있다. 이때 AI에게 역할을 부여해 주면 다양한 상황별 특성에 맞게 효과적으로 공지문을 작성할 수 있다. 예를 들어 프롬프트에 간단한 공지 내용을 써 놓고, "학생들에게 친절하고 명쾌한 선생님의 역할로 위 내용을 담아 공지문을 작성해 줘"라고 역할 문장을 추가한다. 먼저 제시한 공지 내용이 아무리 사실 위주의 딱딱한 정보성 글이라도 AI는 보다 친근하고 실용적인 관점에서 학생들이 궁금해할 만한 내용을 담아 친절한 공지문을 작성하게 될 것이다. 이처럼 역할 부여는 단순히 말투만 바꾸는 것이 아니라 해당 역할이 가진 관점과 우선순위를 반영하여 더 적절한 결과물을 만들어 내는 데 도움이 된다.

예시 제공

대화형 AI는 적절한 정보와 예시를 제공해 주었을 때가 그렇지 않은 경우보다 훨씬 결과물이 좋다. 대화형 AI가 제공받은 정보와 예시를 맥락적으로 학습하여 사용자의 의도를 더 정확하게 파악할 수 있기 때문이다. 예를 들어 "고등학생이 어려워하는 이차 방정식을 실생활 예시를 들어 설명해 줘"라는 프롬프트에 "예를 들어 포물선의 실생활 예시는 분수대의 물줄기나 농구공의 궤적이라고

할 수 있어"와 같은 예시를 함께 제공하면, AI는 사용자가 원하는 구체적인 형식, 말투, 난이도 등을 파악할 수 있어 보다 맞춤화된 결과물을 만들어 낼 수 있다.

주요 고려 사항 명시

업무를 처리할 때 특히 중요하게 고려해야 하는 요소는 업무를 처리하는 사람마다 관점이 다르고 때로는 상황에 따라 바뀌기도 한다는 점이다. 따라서 AI에게 작업을 요청할 때에도 어떤 부분을 중요하게 고려해야 하는지 분명하게 알려 줘야 한다. 예를 들어 학습자의 특성을 중심으로 커리큘럼을 기획한다면 "학습자의 특징을 중심으로 구성해 줘"라고 프롬프트에 작성하고, 추가적으로 그 학습자의 정보까지 제공해 주는 것이 바람직하다.

결과물 형식 지정

수업 준비 시 제작해야 하는 자료는 용도에 따라 교재, 프레젠테이션, 강의 계획서, 실습 가이드 등 다양한 형태를 가질 수 있다. 각 형식에 따라 필요한 내용의 양과 구성 방식이 다르므로 원하는 결과물의 형태와 함께 구체적인 분량, 구조, 포함될 요소 등을 상세히 명시하는 것이 중요하다.

허위 사실 방지

교육자로서 가장 중요한 것은 정보의 정확성을 담보하는 것이다. 생성형 AI는 때로 실제와 다른 허위 정보(할루시네이션)를 생성할 수 있으므로 이를 방지하기 위한 안전장치가 필요하다. 프롬프트 작성 시 참고 문헌이나 데이터의 출처를 명시하도록 요청하고 불확실한 정보는 별도로 표시하도록 지시하며 작성된 내용의 신뢰성을 검증할 수 있는 근거를 함께 요청하는 것이 바람직하다.

참고문헌

오창석 외(2024). 『AI와 함께하는 슬기로운 교사생활』. 북멘토.

크레버스 미래전략실(2024.2.20). 초개인화 교육 패러다임 전환. 크레버스 뉴스레터, https://creverse.stibee.com/p/19

07
AI를 활용한 수업 진행

디자인은 정답이 없다. 디자인은 작업자에게 자유를 주는 동시에 불안감을 불러일으킨다. 따라서 학습자는 디자인 과정에서 기획하고 제작하고 있는 것에 대한 개별 피드백을 받길 원한다. 하지만 이를 충족시키면서 수업을 진행하는 것은 현실적으로 많은 제약이 있다. 학습자와 교육자의 간극 사이에서 AI가 가교 역할을 할 수 있다.

AI와 윤동주?

카톡 안의 보조 강사 '아숙업'

디자인 수업에서 가장 큰 난제 중 하나는 '정답이 없다'는 점이다. 따라서 학습자들은 디자인 작업을 하면서 끊임없이 의문과 불안을 경험하게 되고, 이때마다 교육자의 즉각적인 피드백이나 조언을 필요로 한다. 하지만 학생 수가 많거나 교육시간이 부족한 수업 환경에서 교육자가 모든 학생의 개별적인 질문과 작업물에 대해 적시에 피드백을 제공하는 것은 현실적으로 매우 어렵다.

이러한 교육 현장의 고민을 해결하는 데 도움이 되는 도구가 바로 '아숙업(AskUp)'이다. 아숙업은 이미지와 텍스트를 활용하여 질문에 대답해 주는 대화형 AI 툴이다. 그런데 학습자에게 대화형 AI 툴을 활용하라고 한다면 이 서비스를 검색하고 다운받아서 설치해야 하는 번거로운 작업이 될 수 있다.

그러한 점에서 아숙업은 수업에 활용하기 매우 유리한 장점이 있다. 바로 아숙업은 카카오톡을 통해 서비스된다는 점이다. 별도의 앱을 설치하거나 회원가입, 로그인할 필요 없이 카카오톡 채널에서 'AskUp'을 추가하기만 하면 되므로 학생들이 부담 없이 쉽게 활용할 수 있다. 이렇게 서비스 접근성이 좋기 때문에 아숙업은 출시 3일 만에 카카오톡 채널 친구 약 3만 명을 모았다. 또한 컴퓨터가 아닌 폰으로 질문하면 되기 때문에 수업에서 활용하는 경우 고등학생 이상의 학습자라면 별도의 장비를 준비하지 않아도 된다.

수업 시간에 아숙업을 활용할 때에는 학생들에게 질문이나 디자인 작업에 대한 피드백을 1차적으로 교육자가 아닌 아숙업에 질문하라고 안내해 준다. 아숙업을 마치 학생별 개인 보조 강사나 조교의 역할로 활용하는 것이다. 이렇게 아숙업을 수업에 활용하면 학생들은 디자인 초기 단계에서 생기는 기본적인 의문 사항을 먼저 아숙업을 통해 해결하고, 더 깊이 있는 논의가 필요한 부분만 교육자와 상담할 수 있게 된다.

이를 통해 교육자는 기초적인 질문에 대응하는 시간을 줄이고, 교육자의 관점과 노하우를 반영한 깊이 있는 피드백에 집중하여 교육적 상호 작용에 더 효율을 높일 수 있게 된다.

생각의 정리를 돕는 캔바

캔바(Canva)는 클라우드 기반의 올인원 비주얼 커뮤니케이션 플랫폼으로서 디자인, 프리젠테이션, 회의 등 다양한 목적으로 활용할 수 있다. Canva는 최근 레오나르도.AI(Leonardo.AI) 기술 인수 후 '드림 랩(Dream Lab)'

을 출시하였는데, 이는 텍스트 프롬프트만으로 움직이는 이미지와 그래픽을 생성할 수 있는 획기적인 기능을 제공한다. 기존의 2D 이미지 생성 도구들과 차별화되는 동적 그래픽 생성 기능은 사용자들의 높은 관심을 받고 있으며, 이는 한국 시장에서 지난 1년간 사용자 수가 2배 증가했다는 점에서도 확인할 수 있다(김은비, 2024).

Canva의 핵심 경쟁력 중 하나는 25만 개 이상에 달하는 방대한 템플릿 라이브러리다. 이러한 템플릿은 교육 현장에서 유용하게 활용될 수 있다. 학습자들이 아이디어 회의나 토론 과정에서 생각을 구조화하는 데 어려움이 있는 경우, 템플릿을 통해 효과적으로 해소할 수 있기 때문이다. 브레인스토밍, 아이데이션, 서비스 기획 등 추상적 사고의 시각화가 필요한 영역에서 템플릿은 유용한 도구로 될 수 있다.

사용법은 간단하다. 교육자는 Canva에 접속해 적합한 템플릿을 선택한 후, 우측 상단의 [공유] 버튼을 통해 학습자를 초대할 수 있다. 즉, 온라인 협업 공간을 만드는 것이다. 학습자들은 교육자가 선택한 템플릿 공간에 초대되어 템플릿을 바탕으로 아이디어를 제시하고 체계화할 수 있다. 동시에 교육자는 학습자들의 진행 상황을 실시간으로 시각적으로 모니터링할 수 있으며, 학습자들 역시 자신의 사고 과정을 구조화된 형태로 확인함으로써 보다 명확한 의사 결정을 도출할 수 있다.

필수 디자인 툴, Figma AI 플러그인

디자인 교육 현장에서 Figma는 이미 핵심 도구로 자리 잡았다. Figma는 클라우드 기반의 그래픽 디자인 플랫폼으로 UX/UI 디자인, 웹 디자인, 그래픽 디자인 등 다양한 분야에서 활용되고 있다. 특히 실시간 협업 기능이 뛰어나 팀 프로젝트에 최적화되어 있으며 직관적인 인터페이스로 인해 학습 진입 장벽이 낮다는 장점이 있다.

최근 Figma는 다양한 AI 플러그인을 지원하면서 교육적 활용도가 더욱 높아지고 있다. 이러한 AI 플러그인들은 학습자들의 기초적인 작업을 지원하고, 반복적인 작업을 자동화하여 학습자가 더 창의적인 문제 해결에 집중할 수 있도록 돕는다. 유용한 플러그인의 개수는 아주 많지만 본 장에서는 디자인 교육에서 특히 유용한 AI 플러그인 5개를 소개하고자 한다.

매지션(Magician): 디자인 요소의 자동 생성

Magician은 디자인 작업의 자동화를 위한 핵심 플러그인이다. 텍스트 생성부터 아이콘 디자인, 이미지 제작에 이르기까지 다양한 디자인 요소를 AI 기술로 자동 생성할 수 있다. 학습자들은 이를 통해 반복적인 작업에서 벗어나 창의적 활동에 더 많은 시간을 투자할 수 있게 된다. 활용법은 매우 간단하고 직관적이다. Figma에서 플러그인을 실행한 후, 텍스트 입력창에 원하는 디자인 요소에 대한 설명을 입력하고 'Generate' 버튼을 클릭하면 된다. AI가 생성한 결과물은 바로 프로젝트에 삽입하여 활용할 수 있다.

와이어프레임 디자이너(Wireframe Designer): AI 기반 와이어프레임 생성

GPT-3.5 기술을 기반으로 하는 Wireframe Designer는 사용자의 요구 사항에 맞는 와이어프레임을 자동으로 생성해 주는 혁신적인 도구다. 학습자들은 이 플러그인을 통해 프로젝트의 초기 설계 단계를 획기적으로 단축할 수 있다. 이 역시 사용 방법은 간단하다. 플러그인을 실행하여 원하는 페이지의 기능과 레이아웃을 설명하면, AI가 이를 바탕으로 와이어프레임을 생성한다. 이렇게 생성된 기초 와이어프레임을 토대로 더 상세한 디자인 작업을 진행할 수 있다.

FigGPT: 텍스트 기반 UX 작업의 동반자

FigGPT는 Figma 환경 내에서 ChatGPT의 강력한 기능을 활용할 수 있게 해 주는 플러그인이다. UX writing의 관점으로 안내 문구나 설명을 사용자 중심으로 작성하고 싶거나 사용자 피드백 내용은 전문적으로 분석하는 등 텍스트 기반 작업을 효율적으로 수행할 수 있다. 플러그인을 실행하여 텍스트를 입력하거나 선택하면, 우측 패널에서 다양한 텍스트 수정 옵션을 제공받을 수 있다. 이를 통해 생성되거나 수정된 텍스트는 즉시 디자인에 적용할 수 있다.

Ando: 텍스트 기반 디자인 시각화

Ando는 텍스트 설명을 시각적 디자인으로 변환해 주는 특별한 플러그인이다. 학습자들은 이를 통해 다양한 디자인 스타일을 빠르게 탐색하고 실험할 수 있다. 플러그인을 실행하고 디자인 아이디어를 텍스트로 입력한 후 'Render' 버튼을 클릭하면, AI가 이를 시각적 디자인으로 구현한다. 생성된 결과물은 검토 후 프로젝트에 직접 활용할 수 있다.

오토메이터(Automator): 효율적인 반복 작업 처리

Automator는 디자인 작업에서 발생하는 반복적인 작업을 자동화하여 작업 생산성을 크게 향상시키는 플러그인이다. 학습자들은 이를 통해 단순 반복 작업에 소요되는 시간을 절약하고, 보다 중요한 디자인 의사 결정과 창의적 작업에 집중할 수 있다. 플러그인을 실행하여 자동화하고자 하는 작업을 선택하고 필요한 설정을 지정한 후 'Run'을 클릭하면 된다. 자동화된 결과물은 필요에 따라 세부 조정이 가능하다.

Figma의 대항마 크리에이티

크리에이티(Creatie)는 2024년 출시된 AI 기반 UI 디자인 도구로 출시 이후 디자인 업계에서 많은 관심과 호평을 받고 있다. Figma와 유사한 인터페이스로 디자이너에게는 친숙하고 직관적인 작업 환경을 제공하며, AI기반 기능들이 생산성을 획기적으로 향상시켜 초보자부터 전문가까지 폭넓게 사용하고 있다.

위에서도 언급하였지만 Creatie의 주목할 만한 특징은 고도화된 AI 기반 디자인 보조 기능에 있다. 간단한 조작만으로 기본적인 스타일 가이드와 레이아웃을 생성할 수 있으며, 내장된 위저드(Wizard)를 통해 2D/3D 이미지를 손쉽게 제작할 수 있다. 아이콘, 텍스트 더미, 이미지 등의 내장 리소스를 즉시 활용할 수 있을 뿐 아니라, 업스케일링이나 배경 제거와 같은 고급 편집 기능도 제공한다. 이러한 원클릭 자동화 기능은 반복적이고 지루할 수 있는 작업을 효율적으로 처리하여, 디자이너가 다양한 시안을 신속하게 검토하고 발전시킬 수 있는 환경을 조성한다. 결과적으로 디자이너는 기술적 제약에서 벗어나 좀 더 창의적인 결과물을 도출하는 데 집중할 수 있게 된다.

Creatie의 사용법은 Figma와 거의 흡사하다. Figma를 사용했던 경험 그대로 사용하면 된다. 그렇다면 Creatie와 Figma의 차이는 무엇일까? Figma는 자체적으로 제공하는 AI 기능이 많지 않고 대부분 플러그인을 활용해야 한다. 하지만 Creatie는 디자이너들이 많이 사용하는 AI 기능을 플러그인이 아닌 자체적으로 지원한다는 점이 주 차이점이다. Creatie의 주요 AI기능은 아래와 같다.

1. Creatie 마법사

지정된 영역에 대한 디자인 아이디어를 생성하는 AI 기반 브레인스토밍 도구로 디자이너가 창의적 장애물을 극복하는 데 도움을 준다.

2. Magicon

텍스트 또는 와이어프레임 입력을 기반으로 다양한 스타일의 3D 아이콘을 즉시 생성하여 고품질 자산으로 디자인을 향상시킨다.

3. AI 이미지 향상기

이미지 품질을 개선하기 위해 이미지를 확장하고 배경을 변경하며 이미지를 하이파이 또는 벡터 형식으로 변환한다.

4. 자동 스타일 가이드

기존 파일을 스캔하여 재사용 가능한 구성 요소 및 디자인 요소를 식별하여 포괄적인 UI 스타일 가이드를 생성한다.

디자인 교육 현장에서 새로운 도구의 도입은 학습자들에게 상당한 부담으로 작용할 수 있다. 도구 사용법 습득에 따르는 불편함과 어려움이 존재하기 때문이다. 그러나 혁신적인 기능을 통한 작업 효율성 향상이라는 실질적 이점을 고려할 때, 새로운 도구의 학습은 필수적인 과정으로 인식된다. 이러한 맥락에서 Creatie는 애플리케이션과 웹 서비스 등 디지털 제품을 디자인할 때 전체 프로세스에서 효율과 창의성을 증대시킬 수 있기 때문에 UI 디자이너는 이를 학습하고 경험해 볼 필요가 있다.

하지만 다행인 점은 Creatie가 기존의 대표적 UI 도구인 Figma와 유사한 인터페이스를 채택하고 있다는 것이다. 이는 학습자들의 심적 부담과 실무적 진입 장벽을 현저히 낮추는 요인으로 작용한다. 따라서 Figma를 주요 도구로 활용하는 디자인 교육 과정에서 Creatie를 보조 도구로 도입하는 것을 고려해 볼 만하다. 특히 현재 무료로 제공되는 서비스라는 점은 교육 현장에서 활용 가능성을 더욱 높인다.

수업 진행 도구로서 AI 도구의 의미

AI 도구는 수업 진행 시 교육자와 학습자 모두에게 실질적인 이점을 제공하지만, 이 책에서는 교육자의 관점으로 한정하여 활용 방안을 제시하였다. 번거롭고 반복적인 질의응답, 학습자 개인별 맞춤 피드백, 템플릿 제공 등으로 교육자가 기획한 수업 내용을 문제없이 진행하고 전달하는 데 효율성을 높이는 다양한 AI 도구를 살펴보았다.

그런데 교육자는 효율이 아닌 다른 측면으로도 AI 도구를 활용할 수 있다. 바로 교육의 질적 향상이다. 교육자가 직접 통제하기 어려운 학습 동기 부여와 집중력 향상에도 AI 도구를 효과적으로 활용할 수 있다. 학습자가 능동적으로 질문하고 제한된 시간 안에 완성도 높은 결과물을 만드는 과정에서 동기 부여와 집중력이 향상되기 때문이다. 이는 AI 도구를 교육자의 보조 역할을 넘어 교육 파트너 역할을 한다고 보아도 무방할 정도다. 따라서 질적 향상 측면으로도 재미와 성취감, 깊은 깨달음을 위한 AI 활용을 고민할 필요가 있다.

그렇다고 해서 새로운 AI 도구의 무분별한 도입은 오히려 수업 운영에 혼란을 초래할 수 있다. 따라서 교육자는 스스로의 역량을 객관화하여 '수업 시간 내 필수적으로 수행해야 할 과업', '시간 제약으로 인해 완수하기 어려운 과업', 그리고 '수행 자체가 어려운 과업' 등 3가지를 명확히 구분할 필요가 있다. 자기 객관화와 체계적인 분석을 통해 나에게 적합한 AI 도구를 선별적으로 결정하고 충분히 검도해 본 뒤 도입해야만 원활한 AI 기반 디자인 수업 환경을 조성할 수 있다.

참고문헌

김대영(2023.3.9). 문서읽고 답까지…눈달린 챗GPT, 3만명 몰렸다. ≪매일경제≫, https://www.mk.co.kr/news/it/10674415

김은비(2024.10.24). 캔바, AI와 업무도구 대폭 업그레이드. GTT KOREA,

https://www.gttkorea.com/news/articleView.html?idxno=14214
Park, H.(2023.4.5). 똑똑한 AskUp 활용법 - 교육/학습편. https://www.upstage.ai/blog/ko/askup-use-case-education
크리에이티. https://creatie.ai

08
AI를 활용한 수업 기록

온 · 오프라인 통합 교육의 대중화로 수업의 개념이 수업 시간 내 활동을 넘어 사전 학습과 사후 복습을 아우르는 통합적 학습 경험으로 확장되고 있다. 이에 따라 수업 과정을 체계적으로 기록하고 공유하는 것은 현대 교육 현장의 필수적인 업무 프로세스가 되었다. AI를 활용한 영상 편집, 자막 생성, 내용 요약, 학습자 패턴 분석 등으로 변화하는 교육 패러다임에 대응하는 실질적인 방안을 모색한다.

AI와 한의학?

수업 이후를 위한 '기록'의 의의

수업 과정을 기록하는 것은 단순한 관행이 아닌 교육의 질을 높이고 학습자의 성장을 촉진하는 핵심적인 요소로 자리 잡고 있다. '교육 과정-수업-평가-기록 일체화'라는 개념이 강조되면서, 수업 기록의 중요성은 더욱 부각되고 있다(박소영 · 강현석, 2019).

수업 과정 기록의 가장 큰 의의는 교육의 본질 회복에 있다. 교육 과정-수업-평가-기록이 유기적으로 연결됨으로써 교육 요소 간 괴리를 해소할 수 있다. 과거 전통적인 교육 방식에서는 각 요소가 독립적으로 운영되는 경우가 많았다. 예를 들어 교육 과정은 교육부 지침을 그대로 따르고, 수업은 교과서 진도 위주로 진행하며, 평가는 정해진 시험 일정에 맞춰 실시하는 식이었다. 이러한 분절된 운영은 실제 학습자의 성장과 이해도를 정확히 반영하지 못하는 한계가 있었다.

반면 이들이 유기적으로 연결될 때는 전반적인 교육 시스템에 선순환이 이루어진다. 즉, 교육 과정 계획 단계에서 학습자의 수준과 특성을 반영하여 내용을 구성하고, 이를 바탕으로 수업이 진행된다. 수업 중에는 학습자의 반응과 이해도를 지속적으로 관찰하고 기록하며, 이 기록은 다시 형성 평가의 근거가 된다. 평가 결과는 다음 교육 과정 설계와 수업 방식 개선에 반영된다. 이처럼 기록은 '학습자 중심의 수업'을 보다 효과적으로 실천하는 데 중요한 역할을 한다.

또한 장기적으로 수업 과정 기록은 교육자의 전문성과 자율성을 강화하는 데 중요한 역할을 한다. 교육자는 기록을 통해 자신의 수업을 되돌아보고, 교육 과정을 재구성하며, 배움 중심 수업을 더욱 효과적으로 실천할 수 있게 된다. 이는 수업과 평가의 타당성을 확보하고, 교육자의 전문성과 신뢰성을 높이는 데 도움이 된다.

수업 기록의 단기적이고 즉각적인 장점도 아래의 4가지 측면에서 살펴볼 수 있다.

복습 자료로 활용

수업 기록은 결석 학생의 보충 학습과 심화 학습을 위한 효과적인 도구로 기능한다. 특히 난이도 높은 개념이나 반복 학습이 필요한 주제의 경우, 학습자는 자신의 페이스에 맞춰 재학습을 진행할 수 있다. 여기에 키워드 검색 기능, 주요 내용 요약, 자막 등 디지털 기술을 활용한 부가 기능이 더해질 경우, 학습 효율성과 학습자 경험이 현저히 향상된다.

교육의 질적 평가와 개선

교육자는 기록된 수업 영상을 통해 자신의 강의 방식, 전달력, 수업 구조 등을 객관적으로 분석하고 개선할 수 있다. 특히 이러한 자체 평가에 학습자의 피드백이 더해질 경우, 보다 효과적이고 체계적인 교수법 개선이 가능해진다. 이는 궁극적으로 교육의 질적 향상으로 이어진다.

교육자의 전문성 강화

수업 기록은 교육자의 포트폴리오이자 브랜드 가치 강화의 도구로 활용될 수 있다. 선별된 강의 영상을 소셜 미디어를 통해 공유함으로써 교육자의 전문성을 효과적으로 홍보할 수 있으며, 다른 교육자나 기관과 협업을 통해 교육 커리큘럼을 확장하는 기반이 될 수 있다.

교육 콘텐츠 확장

축적된 수업 기록은 새로운 교육 콘텐츠 개발의 토대가 된다. 강의 내용을 바탕으로 교재를 집필하거나 온라인 교육 콘텐츠를 제작함으로써 교육자의 지식 자산을 다양한 형태로 확장하고 활용할 수 있다. 이는 교육의 접근성을 높이고 학습 효과를 극대화하는 데 기여한다.

따라서 교육자는 번거롭더라도 수업 기록의 중요성을 인식하여 기록 방법에 관심을 갖고 실천하려는 노력이 필요하다. 기록 방법은 전통적인 수기 방식부터 태블릿 PC, 녹음기, 녹화, AI를 활용한 도구 등 다양하다. 이 중 AI를 활용한 도구를 소개하고 간단한 활용법을 안내한다.

영상 편집과 자막을 동시에 '브루(Vrew)'

수업 과정을 녹화하여 자료로 남기면 학습자들이 복습하거나 결석한 학생들이 학습 내용을 따라잡는 데 유용하다. 또한 마케팅이나 기타 활용 목적으로 수업을 영상으로 기록해 놓는 경우도 많다. 하지만 녹화된 영상에 자막을 추가하고 편집하는 작업은 시간이 많이 소요되는 번거로운 과정이 될 수 있다. 이러한 문제를 해결해 주는 도구로 'Vrew'라는 AI 기반 영상 편집 툴을 소개한다. Vrew는 영상 편집과 자막 생성을 자동으로 처리하여 시간을 현저히 줄여 주는 효율적인 AI 도구다.

Vrew의 가장 핵심적인 기능은 AI 기반의 자동 자막 생성 시스템이다. 고도화된 음성 인식 기술을 활용하여 녹화된 영상의 음성을 정확하게 분석하고, 이를 자막으로 자동 변환한다. 다양한 언어를 지원하며 자막의 정확도가 높아 오류 수정 작업이 크게 필요 없는 편이다. 또한 Vrew는 사용자 친화적인 편집 환경을 제공한다. 직관적인 인터페이스를 통해 영상 자르기, 텍스트 추가, 배경 음악 삽입 등 기본적인 편집 작업을 손쉽게 수행할 수 있다. 특히 영상 편집 경험이 없는 초보 사용자도 빠르게 적응할 수 있도록 설계되어 있어 교육자들이 부담 없이 활용할 수 있다.

Vrew의 또 다른 강점은 클라우드 기반으로 운영된다는 점이다. 별도의 소프트웨어를 설치할 필요 없이 웹 브라우저만으로 접근이 가능하며, 인터넷이 연결된 어떤 환경에서도 작업을 이어갈 수 있다. 이러한 특성은 시간과 장소에 구애받지 않고 교육 콘텐츠를 제작할 수 있게 해 준다. 웹에서 작업할 수 있다는 것은 곧 협업도 편리하게 할 수 있다는 것을 의미한다. 해당 작업 공간의 링크만 있다면 여러 팀원이 동시에 하나의 프로젝트에서 작업할 수 있어 교육 영상을 팀 단위로 제작할 때 특히 유용하다.

하지만 단점으로는 기본적인 편집 기능만 있어 사용자가 원하는 대로 모든 조건을 세밀하게 적용할 수 없다. 즉 고급 편집 기능은 부족하다. 일반적이고 대중적인 사이즈와 속도감, 영상 스타일을 원하는 경우에만 추천한다.

이러한 한계에도 불구하고 Vrew는 교육 현장에서 필요한 기본적인 영상 제작 요구 사항을 충분히 만족시키는 도구라고 할 수 있다. 특히 시간 효율성 측면에서 기존의 영상 편집 방식과 비교했을 때 획기적으로 개선된 모습을 보여 준다. 실제로 Vrew를 활용하면 1시간짜리 영상을 3분 만에 편집하고 자막까지 생성해 주는데, 이는 유용성을 넘어 압도적이라고 할 수 있다. 이렇게 수업 시간 외 업무에 AI 툴을 활용하면 시간을 절약할 수 있고, 이는 결국 다음 수업 준비나 학생 피드백 등 더 본질적인 교육 활동에 투자할 수 있게 되어 전체적인 선순환 구조를 만들 수 있다.

온라인 수업의 필수 조교 '줌(Zoom) AI'

만약 온라인으로 수업을 진행한다면 Zoom의 AI 기능을 활용할 수 있다. 현대 교육 환경에서 Zoom은 글로벌 온라인 교육 및 화상 회의 시장의 선도적 플랫폼으로서 중추적 역할을 수행하고 있다. 특히 최근 도입된 인공지능 기술은 교육 플랫폼으로서의 기능을 획기적으로 확장하며, 교수-학습 경험의 질적 향상을 이끌어 내고 있다. 이러한 기술적 혁신은 교육 현장에서 새로운 가능성을 창출하고 있으며, 학습자와 교수자 모두에게 의미 있는 변화를 가져오고 있다.

Zoom이 제공하는 AI 기반 기술 중 가장 주목할 만한 것은 자동 회의 기록 및 트랜스크립션(Transcription, 음성의 텍스트화) 서비스다. 이 고도화된 시스템은 음성을 실시간으로 텍스트로 변환하여 검색 가능한 디지털 문서를 생성한다. 이는 단순한 녹취 기능을 넘어서서 학습자들이 효율적으로 학습 내용을 복습하고 필요한 정보를 신속하게 검색할 수 있게 한다. 특히 키워드 기반 검색 기능은 방대한 학습 자료 속에서 특정 정보를 즉각적으로 찾아낼 수 있는 혁신적인 도구로 평가받고 있다. 예를 들어 타이포그래피 수업에서 교수자가 서체 디자인의 기초부터 완성까지 과정을 설명하면, AI는 이를 자동으로 텍스트화하여 학생들이 나중에 참고할 수 있는 상세한 프로세스 가이드를 만들어 낸다. 특히 "x-height 조정", "커닝 값 설정" 등과 같은 전문 용어들이 정확하게 기록되어, 학생들은 1시간 이상 긴 영상이라도 수업 시간에 배운 키워드 검색을 통해 본인이 필요한 부분만 쉽게 찾아서 복습할 수 있다.

또한 AI 기반 스마트 요약 시스템은 장시간 강의나 회의 내용을 핵심적인 요점으로 압축하여 제시함으로써 학습자들의 효율적인 학습을 지원한다. 이는 특히 시간적 제약이 있는 학습자들에게 큰 도움이 되며, 학습 내용의 효과적인 이해와 복습을 가능하게 한다. 더불어 AI 기반의 가상 배경 및 아바타 시스템은 개인화된 학습 환경을 구축하여 학습자의 몰입도를 높이고, 효과적인 원격 교육 환경 조성에 기여한다. 물론 어느 정도는 기술에 일정한 한계가 존재한다. 음성 인식의 정확도가 발화자의 발음이나 억양에 따라 변동될 수 있으며, 자동 요약 과정에서 중요한 정보가 누락될 가능성이 있다. 또한 사용자들이 이러한 기능들에 익숙해지기까지 일정한 적응 기간이 필요하다는 점도 고려해야 한다. 하지만 수업 과정을 기록하기 위해 강의 영상, 녹화, 음성 기록, 자막 추가 등의 광범위한 업무를 현저히 단축시켜 수업을 진행한 당일에 자막과 요약본이 추가된 녹화 영상을 학습자에게 바로 공유할 수 있을 정도로 즉각적인 후속 관리가 가능하다.

이러한 Zoom의 AI 기능은 교육자에게 또 다른 측면으로 도움이 된다. 수업 녹화 및 자동 분석을 통해 교육자는 수업 후 학습자들의 학습 패턴을 확인할 수 있다. 학습 패턴 파악은 실습 중심의 디자인 교육에서 특히 중요한 가치를 지닌다. 예를 들어 디지털 드로잉 수업에서 교수자는 AI가 분석한 데이터를 통해 학생들이 어떤 도구 사용법 설명에서 가장 많은 질문을 하는지, 어떤 과정에서 가장 오래 머무는지를 파악할 수 있다. 펜 툴 사용법 설명 부분에서 많은 학생들이 반복 재생을 한다는 분석 결과가 나온다면 교수자는 해당 내용에 대한 추가 설명이나 보충 자료를 제공하여 학습 효과를 높일 수 있다. 이렇듯 학습자가 복습을 하기 위한 용도뿐 아니라 교육자가 수업 평가 및 개발을 목적으로도 Zoom AI를 활용할 수 있다.

참고문헌

박소영·강현석(2019). '교육과정-수업-평가-기록 일체화'에 관한 교원의 인식과 요구 분석. ≪수산해양교육연구≫, 1734~1742쪽.

브루(Vrew). https://vrew.ai/ko

줌(Zoom). https://www.zoom.com/ko

09
AI를 활용한 학생 관리

교육은 '가르칠 교(敎)'와 '육성할 육(育)'으로 단순히 지식을 전달하는 것을 넘어, 한 사람을 온전히 키워내는 깊은 의미를 담고 있다. 진정한 교육자는 수업 내용을 전달하는 것에 그치지 않고, 학습자의 잠재력을 발견하고 이끌어 주는 코디네이터, 배움의 과정을 함께하는 퍼실리테이터, 그리고 성장을 지원하는 든든한 동반자가 되어야 한다. 수많은 학생들을 어떻게 교육(敎育)할 수 있을지 AI 기술이 제시한 해결책을 탐구하고자 한다.

AI와 화장품?

지식 전달을 넘어 학습자 관리까지 필수

전통적인 대학 교육 환경에서 교수와 학생 간의 소통은 상당히 제한적이었다. 대규모 강의에서는 개별 학생의 학습 상태를 정확히 파악하기 어려웠고, 교수는 일방적인 지식 전달자 역할에 그치는 경우가 많았다. 특히 과거에는 학생 관리가 교수자의 필수적인 업무 영역으로 간주되지 않았으며, 연구와 강의 전달에 주된 초점이 맞춰져 있었다. 그러나 최근 교육 패러다임이 변화하면서 개인화와 맞춤화 교육에 대한 사회적 요구가 증가하고 있다. 이에 따라 학생 개개인의 학습 진도와 성과를 꾸준히 모니터링하고 관리하는 것이 교수자의 중요한 책무로 부각되고 있다. 또한 디자인 교육에서 교수와 학생 간의 관계는 학습 효과와 몰입도를 높이는 데 중요한 요소로 작용한다. 하지만 교수자 한 명이 다수 학생을 효과적으로 관리하는 것은 현실적으로 큰 도전 과제다.

특히 디자인 교육 분야에서는 이러한 어려움이 더욱 두드러진다. 디자인 교육의 특성상 학생들의 성과와 발전을 정량적 지표만으로 평가하거나 관리하기 어렵다. 창의성, 문제 해결 능력, 심미적 감각 등 정성적인 요소들이 중요한 평가 기준이 되기 때문에 체계적인 학생 관리가 더욱 복잡하고 까다로워진다.

이러한 상황에서 AI 기술은 획기적인 해결책을 제시한다. 다양한 교육용 AI 도구는 교수와 학생 간 상호 작용을 효과적으로 지원하여 수업의 질적 향상을 도모할 수 있다. 학생들은 AI 챗봇과 상호작용을 통해 수업 준비를 보다 철저히 할 수 있으며, 교수는 학생들의 학습 진행 상태를 실시간으로 파악할 수 있다. 또한 AI는 정량적 데이터뿐만 아니라 학생들의 질문 패턴, 과제 수행 방식, 피드백 대응 등 다양한 정성적 데이터도 수집하고 분석할 수 있어 디자인 교육의 특수성을 고려한 학생 관리를 가능케 한다.

다양한 AI 기반 학생 관리 시스템 중 '뤼튼'을 소개한다. 뤼튼은 단순한 행정 관리 도구의 범주를 넘어 디자인 교육의 특수성을 고려한 맞춤형 학생 관리 시스템으로서 가치를 인정받고 있으며, 교수자의 효율적인 학생 관리와 교육의 질적 향상을 동시에 달성할 수 있는 가능성을 보여 주고 있다. 뤼튼의 성장세는 주목할 만하다. 2024년 10월을 기준으로 월간 활성 이용자 수(MAU)가 532만 명을 기록하며, 대한민국 전체 인구의 약 10%가 이 서비스를 이용하고 있는 것으로 나타났다. 이러한 성장은 서비스 시작 1년 10개월 만에 이룬 성과로 토스(약 3년 3개월)와 당근마켓(약 2년)보다도 빠른 속도다. 특히 주목할 만한 점은 전체 사용자의 50% 이상이 학생이라는 점이다. 이들은 주로 번역과 리포트 작성 등 학업 생산성 향상을 위한 도구로 뤼튼을 활용하고 있다. 이렇게 뤼튼의 주요 사용자층이 10~20대에 집중되어 있다 보니 회사는 교육 특화 AI 서비스에 역량을 집중하겠다고 밝힌 바 있다.

뤼튼 외에도 ChatGPT, 카할라(Cahalla), 에듀봇(EduBot) 등 다양한 AI 기반 도구들이 교육 현장에서 활용 가능성을 보여 주고 있다. 이러한 도구들은 각기 다른 강점과 특화된 기능으로 교수와 학생 간 소통과 학습 관리를 지원하며, 앞으로의 교육 패러다임 변화에 중요한 역할을 할 것으로 기대된다.

AI 생활 기록부 제작

효율적으로 학생을 관리할 수 있는 AI 생활 기록부를 제작해 보겠다. 이를 위해서는 크게 2단계의 프로세스가 필요하다. 바로 '기획'과 '제작'이다.

어떤 생활 기록부를 만들고 싶은지, 생활 기록부상에서 학생들의 정보를 어떤 지표들을 중심으로 보고 싶은지 결정하는 것이 기획이다. 교육자 머릿속에 구체화된 기획이 없다면 바로 제작부터 하기보다 ChatGPT와 대화를 통해 생각을 정리하는 것이 우선시되어야 한다. ChatGPT와 대화를 통해 본인이 생각하는 '생활 기록부'라는 것이 단순히 학습 발달 추이를 보고 싶은 것인지, 태도와 인성 등 학생의 특성까지 모두 보고 싶은 것인지 정해야 한다. 또한 학습 발달도 한 단계 더 세분화하여 이해도, 성실도, 응용력, 완성도 등의 지표가 필요한데, 이 부분 또한 명확하지 않으면 ChatGPT에게 물어보고 대화를 나눠 명확히 해야 한다. 아래는 생활 기록부 기획을 위한 프롬프트 예시다.

교육자와 기획하기 위한 프롬프트 예시

당신은 AI를 활용한 교육 혁신 전문가입니다. 국내 보편적인 대학교의 학사 관리 시스템 및 학습 관리 시스템(Learning Management System, LMS) 사례를 바탕으로 AI 생활 기록부를 기획하려고 합니다. 국내 사례 분석을 기반으로 해야 하며, 디자인 교육 수업에서 학생 관리와 추후 수업 방향에 대한 아이디어를 얻는 목적으로 활용하고 싶습니다. 생활 기록부에 학생의 어떤 정보가 들어가야 관리를 잘할 수 있을지 관리 지표를 나열해 주세요. 그리고 학생의 학습 상태를 평가하기 위한 평가 항목도 만들어 주세요. 평가 항목은 디자인 교육이라는 분야에 한정해서 작성해 주세요.

시스템 설계자와 기획하기 위한 프롬프트 예시

당신은 AI 기반 생활 기록부 시스템 설계 전문가입니다. AI 생활 기록부에 포함되어야 할 주요 데이터 항목과 이를 관리하는 핵심 기능을 기획해 주세요. 각 기능은 학생, 교수, 학부모 중 주요 사용자가 어떤 방식으로 활용할 수 있는지와 실제로 국내 교육 기관의 교육 환경을 고려해서 설계해 주세요.

위와 같은 프롬프트로 ChatGPT와 지속적인 대화를 통해 학습자의 기록 중 관리하고 싶은 사항을 키워드로 5~8개 정도 선별한다. 이렇게 ChatGPT로 기획을 마친 후, 뤼튼으로 AI 생활 기록부를 만든다. 구체적인 정보를 입력하기에 앞서 아래의 기본 단계를 우선 진행한다.

1. 뤼튼 홈페이지에 접속하여 로그인하고, [AI 스튜디오]를 선택한다.
2. 화면 상단에서 [새 툴/챗봇 만들기]를 클릭한다.
3. [툴 만들기]를 설정한다.

'툴 만들기' 화면에 들어왔다면 화면에 보이는 4단계의 입력 포맷에 맞춰 만들고 싶은 결과물, 즉 AI 생활 기록부에 대한 구체적인 사항을 기입하면 된다. 장문의 글을 작성할 때에는 6장에서 자세히 다뤘던 프롬프트 엔지니어링 관점으로 작성하는 것이 효과적이다. 아래의 설명과 예시를 바탕으로 AI 생활 기록부를 제작해 보자.

[1단계] 기본 정보

-이름과 소개를 자유롭게 작성하면 된다. 예를 들면 이름은 생활 기록부, 소개는 학생 별 수업 태도 및 학습 발달 특성 기입이라고 쓸 수 있다.

- 카테고리 입력란은 태그를 활용하는 개념으로 추후 이 생활 기록부를 찾기 편한 간단한 키워드를 추천한다.

[2단계] 내용 구성

- 입력 유형은 "옵션 버튼"으로 설정한다. 이제부터 AI 생활 기록부에 입력하고 관리할 키워드들을 작성한다. 예를 들어 '성적'이라는 키워드가 있다고 가정하자. 입력창 제목에 "성적"을 입력하고, 입력창 설명에 "학생의 성적을 입력해 주세요"라는 말을 넣는다. 옵션 구성에는 학생의 성격과 관련된 키워드를 20개 정도 입력한다. 만약 키워드가 생각이 안 나면 ChatGPT에게 물어본다.
생활 기록부를 쓰다 보면 키워드가 아닌 서술의 형태로

추가 정보를 입력할 수도 있다. 하단의 [+ 추가] 버튼을 눌러 입력창을 하나 더 생성한다. 이 입력창의 제목은 "성격 추가 정보"라고 작성한다.
위와 같은 방법으로 관리하고 싶은 키워드 5~8개에 대한 내용을 모두 입력한다.

[3단계] 프롬프트 작성

-AI 생활 기록부에서 분석하고 알려 줬으면 하는 내용으로 프롬프트를 작성한다.
-이때 뤼튼의 역할은 "교사"나 "교육학 박사" 정도로 지정하는 것이 좋다. 교육자로서 내가 알아야 할 내용을 프롬프트 10줄 내외로 구체적으로 작성한다.
-ChatGPT를 통해 AI 생활 기록부의 목적과 주요 관리 지표 등을 도출했으니 내용을 작성하면 된다.

[4단계] 테스트

-테스트를 진행하면서 수정, 보완한다.
-수정, 보완할 때에는 무작정 "개선해 줘"라고 프롬프트를 쓰는 것보다 교사인 내가 입력해야 하는 정보와 AI 생활 기록부가 해야 하는 역할을 명확히 구분해서 작성해야 혼란을 막을 수 있다.

참고문헌

김영통(2023.5.9). "대학교육 이대로 괜찮은가?" 대학교육의 변화를 이끌기 위한 3가지 대안. 투데이피플, https://www.todaypeople.co.kr/news/articleView.html?idxno=4717

조헌국(2017). 4차 산업혁명에 따른 대학교육의 변화와 교양교육의 과제. ≪교양교육연구≫, 53~89쪽.

뤼튼 스튜디오. https://studio.wrtn.ai

10
미래의 디자이너를 양성하는 교육

"AI 기술이 진정으로 인간의 삶을 더 행복하게 만들고 있는가?" 사실 혁신적인 기술을 인간에게 의미 있는 형태로 구현하는 것이 그 시대 디자이너의 중요한 사명이다. AI 시대에 디자이너가 단순히 AI 기술을 활용하는 사용자가 아닌 주도적인 창작자로 성장할 수 있도록 교육자는 도전 의식과 책임감을 가지고 이끌어야 한다.

종교와 AI?

AI 패러다임을 받아들이는 자세

산업 패러다임이 대전환기를 맞이할 때마다 기술 발전과 일자리 대체에 대한 우려가 제기되었고, 지금 AI 시대에도 역시 재현되고 있다. 실제로 "인공지능으로 인한 노동시장의 변화와 정책 방향" 연구 보고서에 따르면 "AI와 로봇을 활용한 기술은 지난해 기준으로 전체 일자리의 38.8%에서 70% 이상의 업무를 대체할 수 있는 것으로 분석됐다(김도형, 2024)"는 보도를 쉽게 찾을 수 있다.

AI 기술의 급속한 발전으로 인해 직업 안정성에 대한 불안감이 고조되며, 이와 관련된 다양한 담론이 언론을 통해 확산되고 있다. 하지만 이러한 현상은 19세기 산업혁명기의 러다이트 운동(Luddite Movement)과 맥을 같이 한다. 당시 기계화된 대량 생산 체제의 도입으로 인해 전통적 제조업 일자리가 위협받게 되자 일부 노동자들은 기계 파괴 운동을 전개하며 격렬히 저항했었다. 하지만 그 결과는 어찌되었는가? 결국 기계화를 거부했던 공장들만 경쟁력을 상실하고 시장에서 도태되었다. 이 역사는 기술 혁신의 큰 흐름을 거스르려 했던 이들의 시도가 궁극적으로 실패로 귀결되었음을 보여 준다.

이러한 역사적 교훈은 AI 시대를 맞이하는 우리에게

도 중요한 시사점을 제공한다. AI의 등장을 위협 요인으로만 인식하여 수동적으로 대응하기보다는 이를 새로운 기회로 포착하고 인간 고유의 경쟁력을 강화하는 방향으로 나아가야 한다. 즉, AI와 협력을 통해 인간만이 창출할 수 있는 고유한 가치와 역할을 발굴하고, 이를 통해 새로운 직무와 산업을 개척해 나가는 것이 바람직한 대응 방안이 될 것이다.

미래 디자이너의 필수 교육: 윤리의식과 책임감

디자인 분야에서 AI 도입은 창작 방식의 혁신적인 변화를 가져왔다. 디자이너가 직접 작업해서 만든 결과물은 그 소유권과 저작권이 디자이너에게 있는 것이 명확했다. 하지만 이제 AI가 콘텐츠와 제품, 심지어 예술 작품까지 제작하는 시대가 되면서 창작물에 대한 저작권과 윤리의식, 책임감에 대한 새로운 관점이 필요해졌다. 이러한 변화는 미래 디자이너들이 반드시 갖춰야 할 주요 역량으로 부상하고 있으며, 디자인 교육 현장에서도 이 부분에 대한 명확한 방향성이 제시되어야 한다.

AI 기술이 가져온 혁신의 이면에는 세 가지 중요한 윤리적 과제가 있다. 첫째는 데이터 사용의 투명성, 둘째는 알고리즘의 공정성, 그리고 마지막으로 창작물의 저작권 문제다.

특히 AI 모델이 학습하는 데이터 편향성 문제는 신중하게 다뤄야 한다. AI는 과거의 데이터를 기반으로 학습하기 때문에 의도치 않게 특정 집단에 불리한 결과를 만들어 낼 수 있다. 이는 디자인 결과물의 공정성과 직결되는 문제다. 따라서 디자이너는 사용하는 데이터의 출처와 신뢰성을 꼼꼼히 검토하고, 결과물이 사회 전반에 미치는 영향을 고려해야 한다.

AI가 생성한 콘텐츠의 저작권 문제 역시 현재 진행형인 과제다. AI 창작물의 소유권 귀속 문제나 기존 창작물과 영향 관계를 명확히 정의하기가 쉽지 않기 때문이다. 디자이너는 AI를 활용할 때 기존 창작물의 저작권을 존중하면서도 새로운 가치를 창출할 수 있는 윤리적 기준을 확립해야 한다.

디자이너의 윤리적 책임은 단순히 법적 테두리 안에 머무는 것이 아니다. 자신의 창작물이 사회에 미치는 영향을 고민하고, 기술 발전 속에서도 인간다움을 지켜 내는 것이 진정한 책임이다. 윤리적 기준을 지키면서도 혁신을 추구하는 균형 잡힌 시각은 AI 시대 디자이너의 핵심 덕목이 되어야 한다. 따라서 AI 시대의 디자인 교육은 AI라는 강력한 도구를 활용하되, 인간 중심의 가치를 지키며 새로운 시대의 창의성을 이끌어 가는 디자이너를 양성하기 위해 윤리의식과 사회적 책임감을 함께 키워 나가는 균형 잡힌 교육이 이루어져야 할 것이다.

더 중요해진 디자인 교육: 인간과 세상에 대한 깊은 이해

디자인은 '사용자 중심'이라는 이름 아래 개인의 요구와 문제 해결에 초점을 맞춰 왔다. 그러나 단순히 개인의 관점에만 국한된 디자인은 예상치 못한 부작용을 초래할 수 있다. 현대 사회의 소외와 단절, 비인간화, 불확실성, 그리고 과도한 경쟁과 같은 문제들은 개인 중심의 디자인 사고에서 비롯된 경우가 많다. 이제는 디자인이 개인을 넘어 사회와 인간 전체를 포괄적으로 이해하는 단계로 나아가야 한다.

도널드 노먼(Donald Norman)의 "인간 중심 디자인" 개념은 이러한 전환을 잘 보여 준다. 그는 인간을 사회적 맥락에서 이해하고, 인간과 세상이 상호 작용하는 방식을 설계의 중심에 두어야 한다고 강조한다. 이는 사용자를 단순히 소비자로 보는 관점에서 벗어나 인간을 사회 속 구성원으로 바라보며 그들의 삶을 풍요롭게 하는 방안을 고민해야 한다는 의미다(Norman, 2023).

예를 들어 앱을 디자인할 때 단순히 사용하기 쉬운 인터페이스를 설계하는 것을 넘어 사람들끼리 더 많이 교류하고 소속감과 재미를 느낄 수 있도록 설계해야 한다. 반려동물을 키우는 반려인을 위한 제품을 디자인할 때에는 반려인에게 편의성을 제공할 뿐만 아니라 반려동물과 반려인이 함께 행복해질 수 있는 요소까지 고려해야 함을 의미한다.

디자이너는 단순히 문제를 해결하는 도구를 만드는 데 그치지 않고, 문제의 근본 원인을 탐구하며 인간과 세상에 대한 깊은 통찰을 바탕으로 설계를 이끌어야 한다. 이러한 접근은 진정한 문제 해결로 이어질 뿐 아니라 보다 지속 가능하고 포괄적인 디자인 철학을 구축하는 데 기여할 것이다. 따라서 미래의 디자인 교육은 인간과 세상에 대해 심도 있게 탐구하는 역량을 키워야 한다.

제작과 창작의 차이

요즘 디자인 분야의 이슈 중 하나는 제작과 창작의 차이다. 제작과 창작은 언뜻 비슷해 보이지만 본질적으로 다른 특성을 지닌다. 제작은 주로 기존의 아이디어나 계획을 실행에 옮기는 과정을 의미한다. 이는 정해진 지침이나 방법론을 따라 무언가를 만들어 내는 행위로 효율성과 정확성이 중요시된다. 반면, 창작은 새로운 아이디어를 생성하고 독창적인 작품을 만들어 내는 과정이다. 따라서 창작은 상상력, 독창성, 그리고 개인의 고유한 시각이 핵심이다. 예를 들어 기존 로고를 모방하여 비슷한 디자인을 만드는 것은 제작에 가깝고, 브랜드의 본질을 이해하고 새로운 시각적 정체성을 구축하는 것은 창작에 해당한다.

현재 AI는 제작 영역에서 탁월한 능력을 보여 주고 있다. 데이터를 대량으로 학습하고 패턴을 인식하여 기존 작품의 스타일을 모방하거나 주어진 지침에 따라 콘텐츠를 생성하는 데 탁월하다. 미드저니나 달리와 같은 이미지 생성 AI는 프롬프트에 따라 고품질의 시각물을 빠르게 제작할 수 있으며, GPT와 같은 언어 모델은 주어진 맥락에 맞는 텍스트를 효율적으로 생성한다. 이들은 특히 반복적이고 규칙적인 패턴을 가진 작업에서 뛰어난 성과를 보인다.

그러나 창작 영역에서 AI의 역할은 아직 보조적 수준에 머물러 있다. AI는 기존 데이터를 학습하여 새로운 조합을 만들어 낼 수 있지만 근본적으로 새로운 가치나 의미를 창출하는 데는 한계를 보인다. 예컨대 AI는 수많은 예술 작품을 분석하여 유사한 스타일의 그림을 그릴 수 있지만 시대정신을 반영한 새로운 예술 사조를 제시하지는 못한다. AI가 생성한 작품이 진정한 의미의 창작인지, 아니면 단순히 기존 데이터의 재조합인지에 대해서는 철학적, 예술적 논쟁이 계속되고 있다.

현재 AI는 제작 과정을 크게 효율화하고 난이도를 현저히 낮춰 누구나 글, 이미지, 영상, 음악 등을 제작할 수 있는 대중화 시대를 열었다. 또한 창작의 측면에서는 아직 인간의 보조 도구로서 활용되지만 제작과 창작의 경계에서 흥미로운 실험을 이어가고 있다. ChatGPT의 경우, 단순한 텍스트 생성을 넘어 창의적인 스토리텔링을 시도하고 있으며, 최신 이미지 생성 AI들은 단순 모방을 넘어선 독창적인 표현을 만들어 내기도 한다.

이렇게 제작과 창작의 경계가 모호해지면서 제작자와 창작자의 역할 및 가치 또한 모호해졌다. 이는 디자인뿐 아니라 작가, 음악가, 작곡가 등 모든 디지털 창작 분야에서 해당된다. 그렇지만 한 가지 확실한 것은 미래 우리 인간의 주요 역할이 제작이 아닌 창작이 되어야 한다는 것이다. AI의 혁신적인 제작 능력을 활용하여 우리는 궁극적으로 AI가 할 수 없는 창작을 해야 한다는 것이다. 따라서 디자이너의 다양한 역량 중 단순한 제작 기술이나 도구의 숙련도보다는 본질적인 창의성과 문제 해결 능력, 그리고 시대적 통찰력이 더욱 중요해질 것이다. 특히 AI가 제공하는 다양한 가능성을 자신만의 고유한 시각으로 해석하고 활용하는 능력이 핵심 경쟁력이 될 것이다. 결국 'AI 시대에 디자이너가 사라질 것이다'가 아니라 '단순한 제작만 하는 디자이너는 사라질 것이다'가 될 것이다. 그리고 오히려 AI와 협력하여 새로운 가치를 창작하는 디자이너에게 더 많은 기회가 열릴 것이다. 제작과 창작의 경계가 모호해 혼란스러운 시대, 오히려 우리는 창작의 본질적 가치를 깨닫고 이에 집중해야 한다.

참고문헌

권택경(2024.4.5). AI로 만든 콘텐츠, 저작권 인정될까? ≪동아일보≫, https://www.donga.com/news/It/article/all/20240405/124346196/1

김도형(2024.7.16). "일자리 90%, 6년뒤 AI로 대체가능". ≪동아일보≫, https://www.donga.com/news/Economy/article/all/20240716/125948689/2

한국경제·한국제도경제학회 공동기획(2013.11.22). 기계가 일자리를 뺏는다?… 역사적 해프닝으로 끝난 기계파괴운동. ≪한국경제≫, https://www.hankyung.com/article/2013112247781

Norman, D.(2023). Humanity-Centered Design. Interaction Design Foundation, https://www.interaction-design.org/literature/topics/humanity-centered-design

정다운

계원예술대학교 광고브랜드학과 외래교수, 명지대학교 디지털콘텐츠디자인학과 객원교수다. 아주대학교 미디어학부를 졸업하고 홍익대학교 국제디자인전문대학원에서 디자인경영학 석사 학위를 받았다. 현재는 동 대학원 디자인학 박사 과정으로 제품과 서비스의 사용자경험(UX) 설계와 평가가 주된 연구 분야다. 공저로 『UX심리학 한달 완성』(2023), 논문은 "ChatGPT 사용자경험 측정모형의 구성타당도와 이해타당도 평가"(2024), "소규모 요양원의 경쟁력 강화를 위한 브랜딩 전략 연구"(2017) 등이 있다. 에듀테크 스타트업 리데크리에이티브에서 디자인팀장(2012~2017), 아발론교육에서 IT기획자(2017~2018), UX에이전시 유씨드에서 책임연구원(2019~2020), 맘이랜서에서 UX팀장(2021~2023)으로 근무하면서 혁신적인 에듀테크와 헬스케어 서비스를 기획하고 디자인하는 프로젝트에 다수 참여했다. 문화예술교육사로서 장항공공도서관에서 창의미술교실 주 강사로 수업을 진행했고, 문화예술교육사협회 소속으로 매년 작품 전시와 예술 교육 연구회에 참여하고 있다.